2022년 7월 25일 1판 3쇄 **펴냄**
2019년 5월 15일 1판 1쇄 **펴냄**

펴낸곳 (주)효리원
펴낸이 윤종근
구성 윤선아 · **그린이** 이병익
등록 1990년 12월 20일 · **번호** 2-1108
우편 번호 03147
주소 서울시 종로구 삼일대로 457, 406호
대표 전화 02)3675-5222 · **편집부** 02)3675-5225
팩시밀리 02)765-5222
ⓒ 2019, (주)효리원

잘못 만들어진 책은 구입하신 서점에서 바꾸어 드립니다.
ISBN 978-89-281-0626-4 74710

이메일 hyoreewon@hyoreewon.com
홈페이지 www.hyoreewon.com

맞춤법 띄어쓰기✓ 따라쓰기

 중급편

윤선아 구성 · 이병익 그림

머리말

알쏭달쏭 퀴즈!

'왠지'가 맞을까요? '웬지'가 맞을까요?
'띄어쓰기'가 맞을까요? '띠여쓰기'가 맞을까요?

'웬지' '띄여쓰기'가 맞을 것 같지만, '왠지' '띄어쓰기'가 정답이랍니다.

'맞춤법이나 띄어쓰기가 뭐가 중요해? 뜻만 통하면 되지.'라고 생각하는 어린이들도 있을 거예요.

하지만 실제로 사람들은 맞춤법이나 띄어쓰기와 같은 국어의 기본이 튼튼한 사람에게 더 좋은 인상을 받는답니다. 뿐만 아니라 학교에 진학하거나 취업을 할 때 쓰는 자기소개서 같은 서류를 작성할 때도 맞춤법이나 띄어쓰기가 정확하면 훨씬 더 유리하고요. 거기다 글씨체까지 바르고 예쁘다면 그 글을 읽는 사람의 마음을 사로잡을 확률은 더 높지요.

우리가 매일 쓰는 한글은 쉬운 것 같으면서도 헷갈리는 게 참 많아요. 하지만 한번 정확하게 알아두면 평생 두고두고 잘 사용할 수 있답니다.

이 책은 초등학교 국어 교육 과정에서 다루고 있는 내용을 기본으로, 초등학생들이 가장 틀리기 쉬운 우리말 맞춤법과 띄어쓰기를 완전 정복하도록 구성하였어요. 더욱이 헷갈리고 틀리기 쉬운 낱말과 문장들을 하나하나 따라 쓰면서 바른 글씨체까지 익힐 수 있도록 하였답니다.

사람의 첫인상이 얼굴 표정이나 몸짓이라면, 글의 첫인상은 글씨체와 맞춤법이랍니다. 이 책으로 글의 첫인상도 멋진 어린이가 되길 바랍니다.

차 례

제1장 맞춤법 띄어쓰기 따라쓰기 쉽게 끝내기

감각적 표현 · · · · · · · · · · · · · · · 10, 58~60
바른 맞춤법 · · · · · · · · 11, 15, 37, 53, 64~66, 69
중심 문장과 뒷받침 문장 · · · · · · · · · · · 12~14
높임 표현 · · · · · · · · · · · · · · · · 16~19, 61
바른 발음법 · · · · · · · · · · · · · · · 20, 25, 49
마음을 나타내는 말 · · · · · · · · · · · · · 21~23
편지쓰기 · 24
어려운 낱말 · · · · · · · · 26, 39~41, 44, 48, 63, 67
속담 · 27
이어 주는 말 · · · · · · · · · · · · · · · · 28~29
가리키는 말 · · · · · · · · · · · · · · · · · · · 30

국어사전 · · · · · · · · · · · · · · · · · · 31~32
낱말의 성질 · · · · · · · · · · · · · · · · 33~36
토박이말 · · · · · · · · · · · · · · · · · · 38, 45
낱말의 관계 · · · · · · · · · · · 42~45, 46~47, 68
문장 자세히 쓰기 · · · · · · · · · · · · · · 50~52
바른 띄어쓰기 · · · · · · · · · · · · · · · 54~57
전화 예절 · 62
시간과 장소를 나타내는 말 · · · · · · · · · · · · 70
차례를 나타내는 말 · · · · · · · · · · · · · · · 71
받아쓰기 · 72

제2장 맞춤법 띄어쓰기 따라쓰기 완전 정복하기

바른 맞춤법 · · · · · · · · · · · · · · · · 74, 101
어려운 낱말 · · · · · · 75~76, 99, 103, 111~112, 120
자료 정리하기 · · · · · · · · · · · · · · · 77~79
중심 문장과 뒷받침 문장 · · · · · · · · · · · · · 80
이야기 간추리기 · · · · · · · · · · · · · · · · · 81
주장하는 글 간추리기 · · · · · · · · · · · · · · · 82
어려운 낱말 · · · · · · · · 83, 108, 112, 115~116, 122
바른 발음법 · · · · · · · · · · · · · 84~85, 90, 102
듣는 사람 · 86
사실과 의견 · · · · · · · · · · · · · · · · · · · 87
어려운 낱말 · · · · · · · · · · · · · · 88, 92, 108, 111
바른 띄어쓰기 · · · · · · · · · · · · · · · · 89, 91

낱말의 성질 · · · · · · · · · · · · · · · · · 93, 97
낱말의 관계 · · · · · · · · · · · · · · · · · 94, 113
훈민정음 · · · · · · · · · · · · · · · · · 95~96, 100
문장의 짜임 · · · · · · · · · 98, 106~107, 109~110
대화 예절 · · · · · · · · · · · · · · · · · 104~105
표준어와 방언 · · · · · · · · · · · · · · 114, 117~118
바른 띄어쓰기 · · · · · · · · · · · · · · · · · · 119
전기문 · 121
독서 감상문 · · · · · · · · · · · · · · · · · · · 123
의견과 뒷받침 내용 · · · · · · · · · · · · · · · 124
받아쓰기 · 125
정답 · 126

한글의 기본 모양을 익혀 보세요

한글은 쓰는 데 복잡하지는 않지만 자음자와 모음자, 또는 자음자와 모음자와 자음자 등으로 합쳐지는 글자이기 때문에 잘못 쓰면 모양이 일그러지게 돼요. 하지만 한글 쓰기의 기본이 되는 몇 가지 글꼴을 먼저 익힌 다음, 낱말과 문장을 써 본다면 예쁜 글씨체를 쉽게 익힐 수 있어요.

● ◁ 모양의 글자를 익혀 보세요.

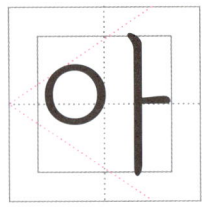  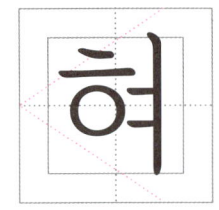 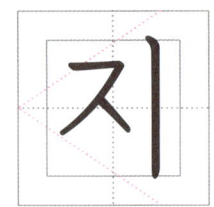

⇨ 이렇게 ㅏ, ㅑ, ㅓ, ㅕ, ㅣ의 모음자와 합쳐진 글자는 ◁ 모양에 맞추어 써야 해요.

● △ 모양의 글자를 익혀 보세요.

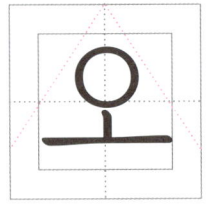 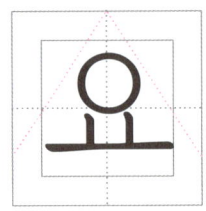 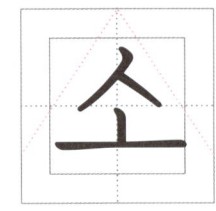 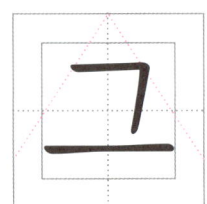

⇨ 이렇게 ㅗ, ㅛ, ㅡ의 모음자와 합쳐진 글자는 △ 모양에 맞추어 써야 해요.

● ◇ 모양의 글자를 익혀 보세요.

 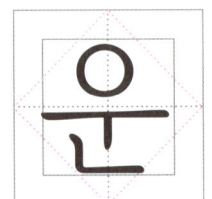  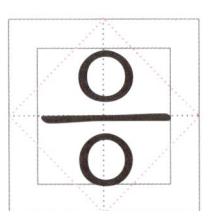

⇨ 이렇게 ㅗ, ㅛ, ㅜ, ㅠ, ㅡ의 모음자 아래 자음자가 붙은 글자는 ◇ 모양에 맞추어 써야 해요.

● 글자의 모양은 모음에 따라 달라지기는 하지만, 언제나 정확하게 들어맞지는 않아요. 그러나 앞에서 익힌 세 가지 기본 모양에 맞추어서 열심히 글씨 연습을 한다면, 여러분은 어느새 예쁘고 바른 글씨체를 가지게 될 거예요. 아래의 낱말을 쓰면서 글자 모양을 다시 한 번 익혀 보세요.

아기   오소리   운동

사자   오이   미끄럼틀

원고지 사용법을 익혀 보세요

❶ 제목은 둘째 줄 가운데에 쓰고 자신이 다니는 초등학교 이름은 셋째 줄에 쓰는데, 뒤에서 2~3칸 정도는 남겨 둡니다. 다음 줄에 학년, 반, 이름을 쓰고 뒤에서 2칸을 남겨 둡니다.

❷ 본문은 이름 밑에 1행을 띄운 후 여섯째 줄부터 씁니다. 문장이 시작될 때는 항상 첫 칸을 비우는데, 이어진 문장을 쓸 때는 첫 칸을 비우지 않고 이어서 씁니다.

❸ 오른쪽 끝에서 낱말과 낱말 사이를 띄워야 할 경우 왼쪽 첫 칸은 비우지 않습니다. 그러나 띄어쓰기 표시(∨)는 해 줍니다.

❹ 글의 내용이 바뀔 때는 줄을 바꾸어 쓰고, 첫 칸은 반드시 비웁니다.

❺ 큰따옴표(" ")와 작은따옴표(' ')는 앞의 한 칸을 비우고 쓰고, 글은 셋째 칸부터 씁니다. 그리고 다음 줄부터는 둘째 칸부터 글을 씁니다.

❻ 느낌표(!)와 물음표(?)는 한 칸에 쓰고, 다음 칸은 반드시 비웁니다. 따옴표와 함께 쓸 때는, 따옴표를 바로 다음 칸에 써 줍니다.

❼ 온점(.)과 반점(,)은 한 칸에 쓰고, 다음 칸은 비우지 않습니다. 온점과 따옴표, 반점과 따옴표는 한 칸 안에 함께 씁니다.

❽ 대화글이나 혼잣말의 뒤에 나오는 문장이 앞에 있는 문장과 이어지면 첫째 칸부터 쓰고, 문장이 이어지지 않고 새로 시작되면 둘째 칸부터 씁니다.

❾ 문장이 맨 끝 칸에서 끝났을 때, 온점과 반점은 마지막 글자와 한 칸에 함께 쓰고, 물음표와 느낌표는 임의로 한 칸을 옆에 더 그려 주고 그곳에 씁니다.

❿ 말줄임표는 한 칸에 세 개씩 나누어 두 칸에 찍습니다.

⓫ 숫자는 한 칸에 두 자씩 씁니다.

맞춤법 띄어쓰기 따라쓰기

제1장

쉽게 끝내기

감각적 표현 I

소리나 모양을 흉내 내는 말

✏️ 알맞은 뜻의 감각적 표현을 찾아 선으로 이어 보세요.

샘물이 바위 틈새에서 솟아 나는 모양을 표현한 말.	졸졸졸
	톡톡톡
샘물이 넘쳐흐를 때 들리는 소리를 표현한 말.	콸콸콸
	둥둥둥
바람에 나뭇잎이 부딪치는 소리를 표현한 말.	스스스

✏️ 빈칸에 들어갈 알맞은 말을 보기 에서 찾아 써 보세요.

보기

재미있는 표현   감각적 표현   신기한 표현

사물을 눈으로 보고, 귀로 듣고, 입으로 맛보고, 코로 냄새 맡듯 생생히 표현한 것을 (　　　　　　) 이라고 해요.

맞춤법 1 　　-장이, -쟁이

✏️ 아래 설명에 알맞은 낱말을 찾아 선으로 잇고, 빈칸에 써 보세요.

> '-장이'는 '어떤 기술이 있는 사람'이라는 뜻을 더하는 말이에요.

> '-쟁이'는 '어떤 특성이 있는 사람'이라는 뜻을 더하는 말이에요.

개구쟁이　　옹기장이　　멋쟁이　　대장장이

　옹기를 만드는 사람을
　　라고 합니다.

　엄마는 옷을 잘 입는
　　입니다.

　내 동생은 장난을 좋아하는 ✓
　　입니다.

중심 문장과 뒷받침 문장 1 중심 문장 쓰기

🖉 알맞은 중심 문장을 보기에서 찾아 쓰고, 예쁘게 따라 써 보세요.

보기
나는 햄스터를 좋아합니다.   햄스터를 괴롭히면 안 됩니다.

햄스터는 작고 귀엽습니다.

햄스터는 집을 깨끗이 청소해요.

나는 햄스터를 좋아합니다.

햄스터는 작고 귀엽습니다.

중심 문장과 뒷받침 문장 2 뒷받침 문장 쓰기

✏️ 알맞은 뒷받침 문장을 보기에서 찾아 쓰고, 예쁘게 따라 써 보세요.

보기
설날에는 연날리기를 합니다. 놀이터에서 그네뛰기를 합니다.

우리나라에는 명절마다 하는 놀이가 있습니다.

단오에는 그네뛰기를 합니다.

명절마다 하는 놀이가 있습
니다. 설에는 연날리기를 해요.

중심 문장과 뒷받침 문장 3 문단 쓰기

✏️ 보기를 참고해 문단을 완성하고, 예쁘게 따라 써 보세요.

우 리 는   밭 에 서   많 은   것 을
재 배 합 니 다 . 과 일 도   재 배 합 니 다 .

맞춤법 2 안, 않-

✏️ 아래 설명에 알맞은 낱말을 찾아 선으로 잇고, 예쁘게 따라 써 보세요.

'안'은 뒤에 오는 말을 부정하거나 반대의 뜻을 나타낼 때 써요.

'않-'은 '아니하-'를 줄여 말할 때 '-지 않았다'와 같이 써요.

안 갔다   가지 않았다   안 다쳤다   다치지 않았다

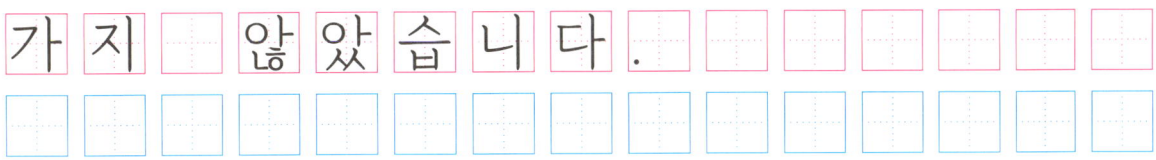

나는 감기가 안 나아서 밖에 나가지 않았습니다. 학교도 ✓ 가지 않았습니다.

높임 표현 Ⅰ　　−ㅂ니다, −습니다, −요

✏️ 알맞은 높임 표현을 찾아 ○를 하고, 예쁘게 따라 써 보세요.

> 높임을 표현하려면 '−습니다', '−ㅂ니다', '−요'로 문장을 끝맺어요.

높임 표현 2   —께서, —시—

✎ 알맞은 높임 표현을 찾아 ○를 하고, 예쁘게 따라 써 보세요.

> 높임을 표현하려면 높임의 대상 뒤에 '—께서'를 쓰고, 문장을 끝맺을 때 높임을 나타내는 '—시—'를 넣어요.

높임 표현 3
밥 / 진지, 물어보다 / 여쭈어보다

✏️ 알맞은 높임 표현을 찾아 ○를 하고, 예쁘게 따라 써 보세요.

> 높임의 뜻을 나타내는 특별한 낱말이 있어요.
> 밥의 높임말은 '진지', '먹다'의 높임말은 '드시다'나 '잡수시다',
> '물어보다'의 높임말은 '여쭈어보다'예요.

할아버지, 진지 드셨어요?

할아버지께 여쭈어보았어요.

높임 표현 4   대상에 따른 높임 표현

◆ 보기 에서 알맞은 높임 표현을 찾아 빈칸에 쓰고, 예쁘게 따라 써 보세요.

보 기

| 가 | 께서 | 께 | 에게 | 댁 | 집 |
| 계세요 | 있어요 | 주래요 | 드리라고 하셨어요. | | |

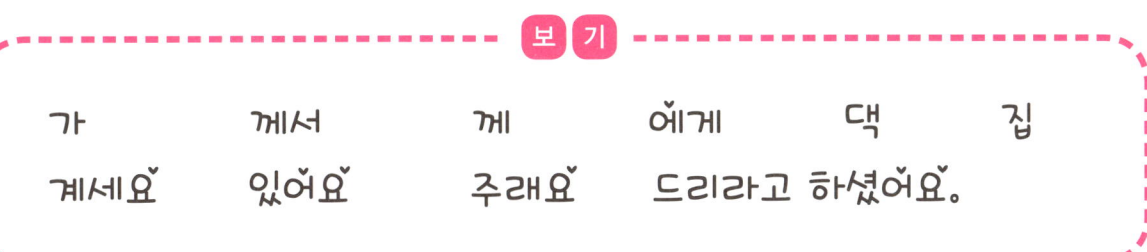

아주머니, ___에 _____?

안녕?
옆집에 이사 온
아이구나!

어머니 _____
아주머니 _____
갖다 _____
_____

아주머니, 댁에 계세요?

갖다 드리라고 하셨어요.

바른 발음법 1   받침 ㅎ + ㄱ ㄷ ㅈ

✏️ 바르게 발음한 것을 찾아 ○를 하고, 예쁘게 따라 써 보세요.

> 받침 'ㅎ'이 'ㄱ' 'ㄷ' 'ㅈ'을 만나면 각각 [ㅋ] [ㅌ] [ㅊ]로 발음해요.

않고 : [안꼬] (   )   [안코] (   )   쌓지 : [싸찌] (   )   [싸치] (   )

첫째 양은 벽돌을 쌓지 않

고 지푸라기를 쌓았습니다.

마음을 나타내는 말 1 상황에 알맞게 마음 전하기

✏️ 보기에서 마음을 나타내는 말을 찾아 빈칸에 써 보세요.

보기
고마워 축하해 섭섭해 미안해 괜찮아

생일을 진심으로 ☐☐☐!

축하해 주어서 ☐☐☐.

어머나, 많이 아프지? ☐☐☐.

내 잘못도 있는걸. ☐☐☐.

마음을 나타내는 말 2 편지 읽고 마음을 나타내는 말 익히기

✏️ 아래 글을 읽고, 마음을 나타내는 말을 찾아 어떤 마음인지 연결해 보세요.

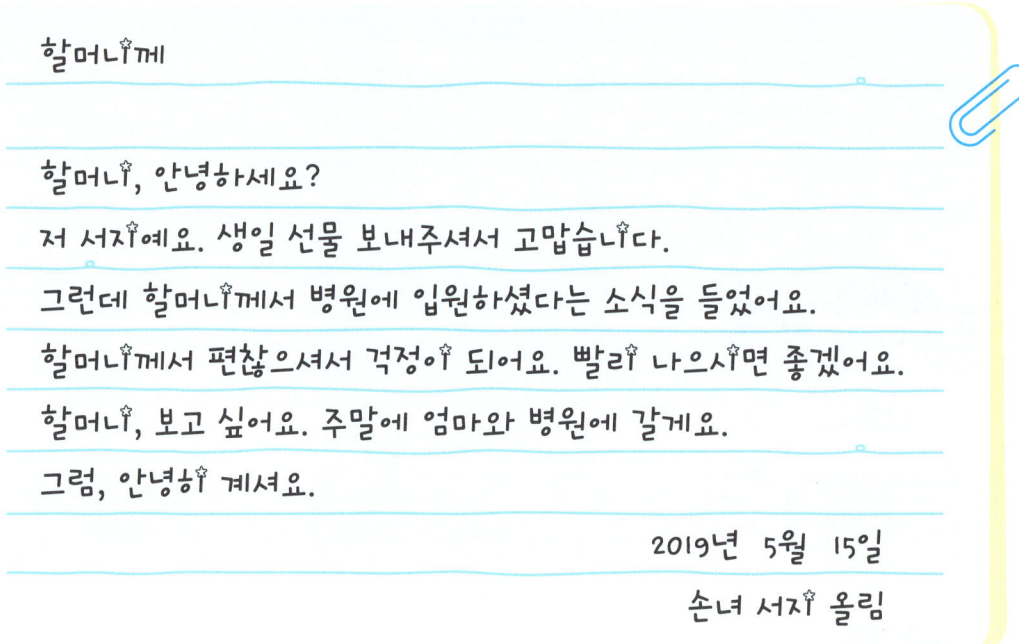

할머니께

할머니, 안녕하세요?
저 서지예요. 생일 선물 보내주셔서 고맙습니다.
그런데 할머니께서 병원에 입원하셨다는 소식을 들었어요.
할머니께서 편찮으셔서 걱정이 되어요. 빨리 나으시면 좋겠어요.
할머니, 보고 싶어요. 주말에 엄마와 병원에 갈게요.
그럼, 안녕히 계셔요.

2019년 5월 15일
손녀 서지 올림

생일 선물 보내주셔서 고맙습니다.	걱정하는 마음
할머니께서 편찮으셔서 걱정이 되어요. 빨리 나으시면 좋겠어요.	고마워하는 마음
할머니, 보고 싶어요. 주말에 엄마와 병원에 갈게요.	보고 싶은 마음

마음을 나타내는 말 3 — 여러 가지 마음을 나타내는 말

✏️ 보기에서 뜻이 비슷한 말을 찾아 빈칸에 쓰고, 문장을 예쁘게 따라 써 보세요.

보기

신난다　유쾌하다　대단하다　즐겁다
근사하다　엄청나다　흐뭇하다　훌륭하다

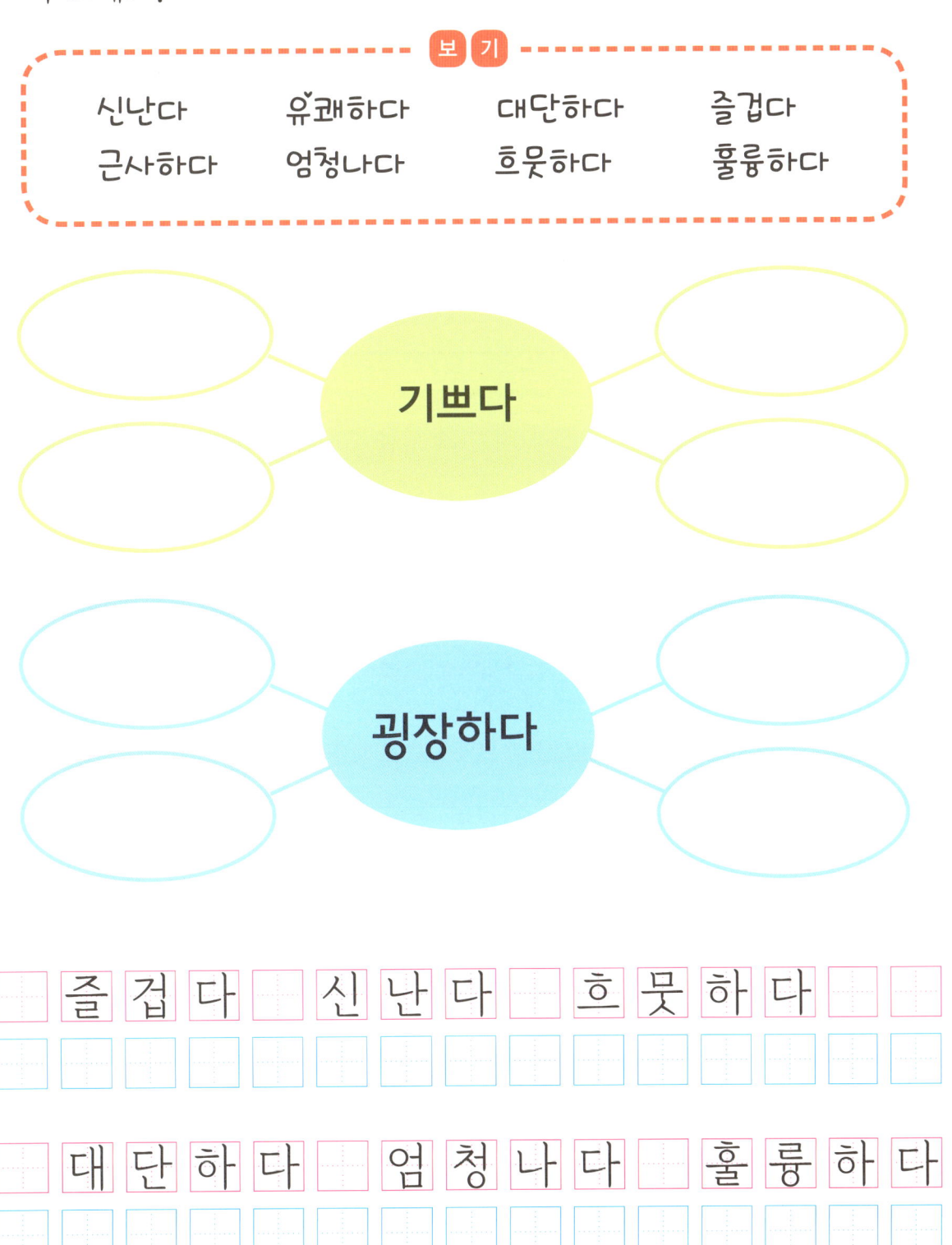

| 즐겁다 | 신난다 | 흐뭇하다 |

| 대단하다 | 엄청나다 | 훌륭하다 |

편지 쓰기 편지글의 형식

📝 보기 에서 편지글에 들어갈 내용을 빈칸에 찾아 쓰고, 편지글을 예쁘게 따라 써 보세요.

보기
받을 사람   첫인사   전하고 싶은 말
끝인사   쓴 날짜   쓴 사람

외삼촌께 ─────────── [　　　]

외삼촌, 안녕하세요? ─────── [　　　]

저 리디아예요. 멋진 케이크와 기쁜 소식을
전해 주셔서 고마워요.
지난 가을, 외삼촌 댁에서의 즐거운 추억은 ─── [　　　]
영원히 잊지 못할 거예요.
내년 가을에 또 놀러 갈게요.
그럼 안녕히 계세요. ─────── [　　　]

　　　　　　2019년 11월 20일 ─── [　　　]

　　　　　　리디아 올림 ─── [　　　]

외 삼 촌　댁 에 서 의　즐 거 운　추
억 은　잊 지　못 할　거 예 요 .

바른 발음법 2 — 받침 'ㄼ'의 [ㄹ] 소리와 [ㅂ] 소리

✏️ 바르게 발음한 것을 찾아 ○를 하고, 예쁘게 따라 써 보세요.

> 받침 'ㄼ'은 '짧고, 넓지, 얇다, 여덟' 등에서는 [ㄹ] 소리로, '밟다, 밟고'에서는 [ㅂ]으로 발음해요.

짧게 : [짤께] (　) [짭께] (　)　　밟고 : [발꼬] (　) [밥꼬] (　)

| 짧 | 다 | 짧 | 지 | 짧 | 고 | 밟 | 다 | 밟 | 지 |

| 밟 | 고 | 여 | 덟 | 넓 | 다 | 얇 | 다 |

어려운 낱말 1   민화

✏️ 그림과 어울리는 낱말을 보기에서 찾아 바르게 써 보세요.

---- 보기 ----
산수화   화원   부적   불로초   해태

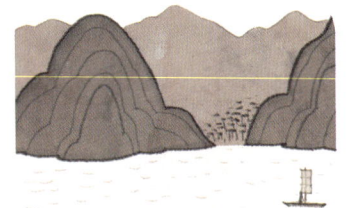
□□□는 산과 물이 어우러진 자연의 아름다움을 그린 그림입니다.

□□은 조선 시대에 도화서라는 관청에서 그림을 그리던 사람. 오늘날의 직업 화가를 말합니다.

□□은 귀신을 쫓고 나쁜 일을 피하려고 글씨를 쓰거나 그림을 그려서 몸에 지니거나 집에 붙이는 종이입니다.

□□□는 사람이 먹으면 늙지 않는다는 풀입니다.

□□는 옳고 그름과 착하고 나쁨을 판단해 안다고 하는 상상의 동물입니다.

속담

원인에 따른 결과에 대한 속담

✏️ 보기에서 알맞은 말을 찾아 속담을 완성해 보세요.

보기: 연기 콩 팥 가시 배 감

아니 땐 굴뚝에 □□ 날까

콩 심은 데 □ 나고 팥 심은 데 □ 난다

가시나무에 □□ 가 난다

배나무에 □ 열리지 □ 안 열린다

이어 주는 말 1   그리고, 그래서, 그러나

✏. 앞뒤 문장이 어울리게 보기의 낱말을 골라 넣고, 예쁘게 써 보세요.

보기

그리고   그래서   그러나

승호는 아빠와 산에 갔습니다. → ☐☐☐ → 승호는 아빠와 나무를 심었습니다.

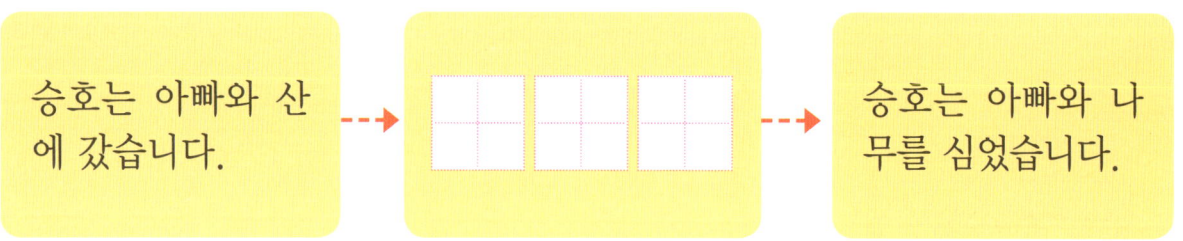

준서는 바이올린 연습을 열심히 했습니다. → ☐☐☐ → 준서는 바이올린을 잘 켜게 되었습니다.

영희는 날마다 달리기 연습을 했습니다. → ☐☐☐ → 영희는 달리다가 그만 넘어지고 말았습니다.

승호는 점심을 맛있게 먹었습니다. → ☐☐☐ → 승호는 깨끗이 이를 닦았습니다.

이어 주는 말 2

그래서, 때문에, 왜냐하면

◆ 앞뒤 문장이 어울리게 보기의 낱말을 골라 넣고, 예쁘게 써 보세요.

보기: 그래서 　때문에 　왜냐하면

| 어제는 밤늦게까지 독서를 했습니다. | → ▢▢▢ → | 수업 시간에 계속 졸았습니다. |

| 민희는 충치가 생겼습니다. | → ▢▢▢▢ → | 음식을 먹고 양치질을 잘하지 않았기 때문입니다. |

| 미혜는 책을 많이 읽었기 | → ▢▢▢ → | 어려운 낱말을 많이 알고 있습니다. |

| 승주는 우산을 쓰고 학교에 갔습니다. | → ▢▢▢▢ → | 아침부터 비가 왔기 때문입니다. |

가리키는 말 — 얘, 걔, 쟤

✏️ 바르게 발음한 것을 찾아 ○를 하고, 예쁘게 따라 써 보세요.

'이 애', '저 애', '그 애'를 줄여서 쓸 때는 '얘', '쟤', '걔'라고 써요.

이애 : 얘(   ) 애(   )   저애 : 쟤(   ) 재(   )

이 애는 얘, 저 애는 쟤,

그 애는 걔라고 써요.

국어사전 I 약호와 기호

◈ 국어사전의 내용을 나타내는 약호와 기호를 바르게 이어 보세요.

다듬잇돌[다드미똘/다드민똘] 「명사」 다듬이질을 할 때 밑에 받치는 돌. 「비」다듬돌. 〈예〉이 돌이면 매끄러운 다듬잇돌이 되겠구나.

| 〈예〉 | • | • | 발음 표시. 소리나는 대로 쓴 낱말이 쓰여 있어요. |

| [ ] | • | • | 예문. 그 낱말이 들어간 문장을 보여 주어요. |

| 「비」 | • | • | 비슷한말. 뜻이 비슷한 말을 알려 주어요. |

| 「명사」 | • | • | 반대말. 뜻이 반대인 낱말을 알려 주어요. |

| 「반」 | • | • | 낱말의 종류. 명사, 동사, 형용사, 감탄사, 조사 등을 먼저 알려 주어요. |

국어사전 2 　　낱말을 싣는 차례

✏ 국어사전에 낱말을 싣는 차례를 살펴보고, 다음 낱말을 국어사전에 싣는 차례대로 써 보세요.

> **첫 자음자** : ㄱ ㄲ ㄴ ㄷ ㄸ ㄹ ㅁ ㅂ ㅃ ㅅ ㅆ ㅇ ㅈ ㅉ ㅊ ㅋ ㅌ ㅍ ㅎ
> **모음자** : ㅏ ㅐ ㅑ ㅒ ㅓ ㅔ ㅕ ㅖ ㅗ ㅘ ㅙ ㅚ ㅛ ㅜ ㅝ ㅞ ㅟ ㅠ ㅡ ㅢ ㅣ
> **받침** : ㄱ ㄲ ㄳ ㄴ ㄵ ㄶ ㄷ ㄹ ㄺ ㄻ ㄼ ㄽ ㄾ ㅀ ㅁ ㅂ ㅄ ㅅ ㅆ ㅇ ㅈ ㅊ ㅋ ㅌ ㅍ ㅎ

- 가을, 마을, 두부 → ☐ → ☐ → ☐
- 사슴, 사진, 사슬 → ☐ → ☐ → ☐
- 고향, 고민, 고구마 → ☐ → ☐ → ☐
- 바다, 상장, 나비 → ☐ → ☐ → ☐
- 삶, 흙, 사탕 → ☐ → ☐ → ☐
- 강아지, 가수, 강하다 → ☐ → ☐ → ☐

　사슴　사진　사탕　삶　상장

낱말의 성질 I

형태가 바뀌는 낱말과 바뀌지 않는 낱말

✏️ 의 낱말들을 형태가 바뀌는 낱말과 바뀌지 않는 낱말로 구분하고, 예쁘게 따라 써 보세요.

보기

| 잡다 | 동생 | 먹다 | 소금 | 나무 | 보다 | 놀다 |
| 많다 | 사탕 | 하얗다 | 강아지 | 귀엽다 | 노래하다 |

형태가 바뀌지 않는 낱말

동생   소금

형태가 바뀌는 낱말

하얗다

귀엽다

낱말의 성질 2
움직임을 나타내는 낱말과 성질이나 상태를 나타내는 낱말

◆ **보기**의 낱말들을 움직임을 나타내는 낱말과 성질이나 상태를 나타내는 낱말로 구분하고, 예쁘게 따라 써 보세요.

보기

잡다   높다   가다   작다   뛰다   앉다   하얗다
먹다   많다   길다   놀다   귀엽다   노래하다

움직임을 나타내는 낱말
잡다   가다

성질이나 상태를 나타내는 낱말
높다   작다

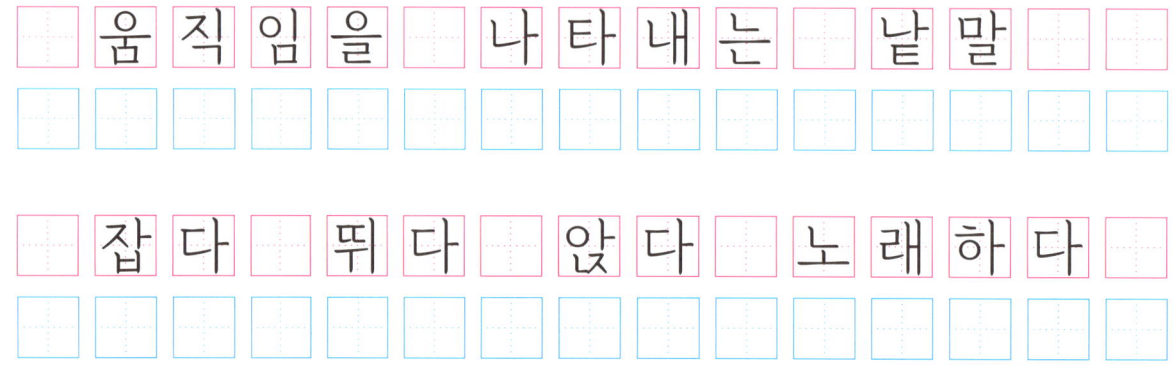

낱말의 성질 3
형태가 바뀌는 부분과 형태가 바뀌지 않는 부분

✏️ 낱말은 형태가 바뀌는 부분과 바뀌지 않는 부분이 있어요. 빈칸에 써 보세요.

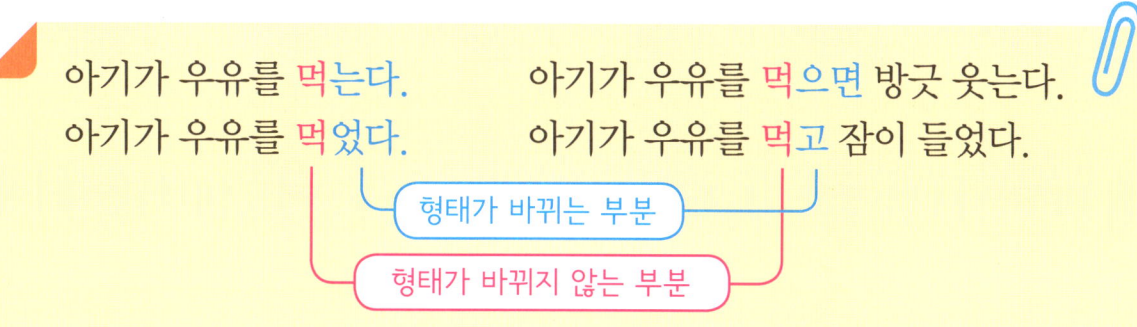

낱말	형태가 바뀌지 않는 부분	형태가 바뀌는 부분
먹는다		
먹었다		
먹으면		
먹고		

낱말	형태가 바뀌지 않는 부분	형태가 바뀌는 부분
빨갛고		
빨간		
빨갛게		
빨갛다		

낱말의 성질 4 　　기본형

✏️ 다음 낱말의 기본형을 쓰고, 예쁘게 따라 써 보세요.

> '웃었다', '웃는다', '웃지' 등의 말은 '웃다'라는 말에서 상황에 따라 형태가 바뀐 말들이에요. 이처럼 형태가 바뀌지 않는 말에 '–다'를 붙인 말을 기본형이라고 해요.

기본형	형태가 바뀌는 낱말
웃다	웃고, 웃으니, 웃어서, 웃었지
	솟고, 솟으니, 솟아서, 솟았어요
	낚아채니, 낚아채고, 낚아챘다가, 낚아채어
	뒤쫓고, 뒤쫓으니, 뒤쫓아서, 뒤쫓았다
	받으니, 받고, 받아서, 받았지

낚아채다　뒤쫓다　받다　솟다

낚아채어　뒤쫓고　받고　솟아

맞춤법 3   줄여 쓸 수 없는 말

✏️ ( ) 안의 낱말 가운데 바른 표기를 고르고, 예쁘게 따라 써 보세요.

> '즐기었다'는 '즐겼다'로 줄여 써도 되지만, '사귀었다'를 '사겼다'로 줄여서 쓰지 않아요. '사귀다'에서 '사귀-'까지는 형태가 변하지 않기 때문이에요. '바뀌다'는 '바뀌-', '뛰다'는 '뛰-', '할퀴다'는 '할퀴-'의 형태가 변하지 않으므로, 줄여 쓰지 않아요.

선비는 나무 그늘에서 (셨다가, 쉬었다가) 다시 길을 떠났습니다.

예전 학교에서 오래 (사귀었던, 사겼던) 영수에게 전화를 걸었습니다.

그런데 영수의 전화번호가 (바뀌어서, 바껴서) 통화를 할 수 없었습니다.

체육 시간에 축구를 하느라 열심히 (뛰었습니다, 떴습니다).

동생이 실수로 내 얼굴을 (할퀴었습니다, 할켰습니다).

전학 간 학교에서 친구를 새로 (사겼습니다, 사귀었습니다).

토박이말 1   고유어 1

✏️ 빈칸에 어울리는 말을 보기 에서 골라 문장을 완성하세요.

보기: 주춧돌   누리   햇귀   희나리

해가 처음 솟을 때의 빛을 ☐☐ 라고 합니다.
☐☐ 와 비슷한 말은 햇발이에요.

☐☐ 는 '세상'을 예스럽게 이르는 말입니다.
눈이 오면 온 ☐☐ 가 하얗지요.

기둥 밑에 받쳐 놓은 돌을 ☐☐☐ 이라고 합니다.
집을 지을 때 터를 잡고 ☐☐☐ 을 놓아요.

채 마르지 않은 장작을 ☐☐☐ 라고 합니다.
☐☐☐ 에 불이 붙자 탁탁 소리를 내며 타올랐어요.

어려운 낱말 2 　바느질 도구

✏️ 그림과 어울리는 낱말을 보기에서 골라 빈칸에 바르게 써 보세요.

보기: 골무　인두　솔기　땀　바늘

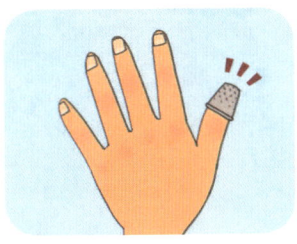
☐☐는 바느질할 때 바늘귀를 밀기 위해 손가락에 끼는 도구예요.

☐☐는 불에 달구어 천의 구김살을 눌러 펴거나 솔기를 꺾어 누르는 데 쓰는 기구예요.

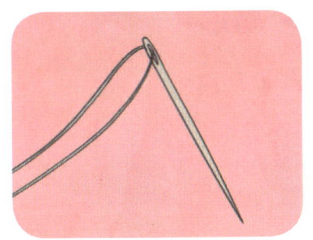
☐☐은 옷을 짓거나 꿰맬 때 쓰는, 가늘고 끝이 뾰족한 물건이에요. 한쪽 끝에 실을 꿸 구멍이 있어요.

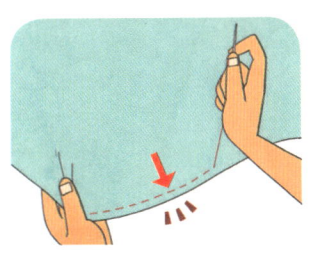
☐은 실을 꿴 바늘로 한 번 뜬 자국을 세는 단위예요.

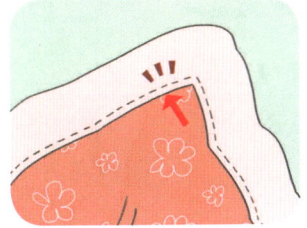
☐☐는 옷이나 이부자리 따위를 지을 때 두 폭을 맞대고 꿰맨 줄이에요.

어려운 낱말 3 한자어

한자의 뜻과 어울리는 낱말을 보기에서 골라 연결하고, 한자어를 바르게 써 보세요.

보기: 수심   발생   흡반   부착

水深
물 수 깊을 심

吸盤
들이쉴 흡 밑받침 반

發生
필 발 날 생

附着
붙을 부 붙을 착

- _____ 은 어떤 일이 생기는 것을 말해요.
- _____ 은 물의 깊이를 말해요.
- _____ 은 다른 사물에 달라붙을 수 있는 빨판이에요.
- _____ 은 떨어지지 않게 딱 붙는 거예요.

수심 발생 흡반 부착 수심

이 깊어 사고가 발생했어요.

어려운 낱말 4   행동을 나타내는 낱말

✏️ 아래 글을 잘 읽고 파란색 낱말들에 어울리는 뜻풀이를 찾아 연결하세요. 그리고 밑줄 친 곳에 한 번 더 써 넣으세요.

> 쥐는 이빨을 닳게 하려고 나무를 쏠고, 도토리를 갉아 먹습니다.
> 반딧불이는 입에서 나온 독으로 달팽이를 마비시키고, 녹여서 먹습니다.

닳다 • • _____는 '오래 쓰여서 물건의 크기가 줄어들다.'라는 뜻이에요.

쏠다 • • _____는 '사물이 제 기능을 못하고, 움직이지 못하게 하다.'라는 뜻이에요.

갉다 • • _____는 '쥐나 좀 따위가 물건을 잘게 물어뜯다.'라는 뜻이에요.

마비시키다 • • _____는 '날카롭고 뾰족한 끝으로 박박 문지르다.'라는 뜻이에요.

쥐가 이빨이 닳게 나무를

쏠고, 도토리를 갉아 먹어요.

낱말의 관계 I

사다리타기_뜻이 비슷한 낱말

✏️ 사다리를 따라가 뜻이 비슷한 낱말을 연결하고, 예쁘게 따라 써 보세요.

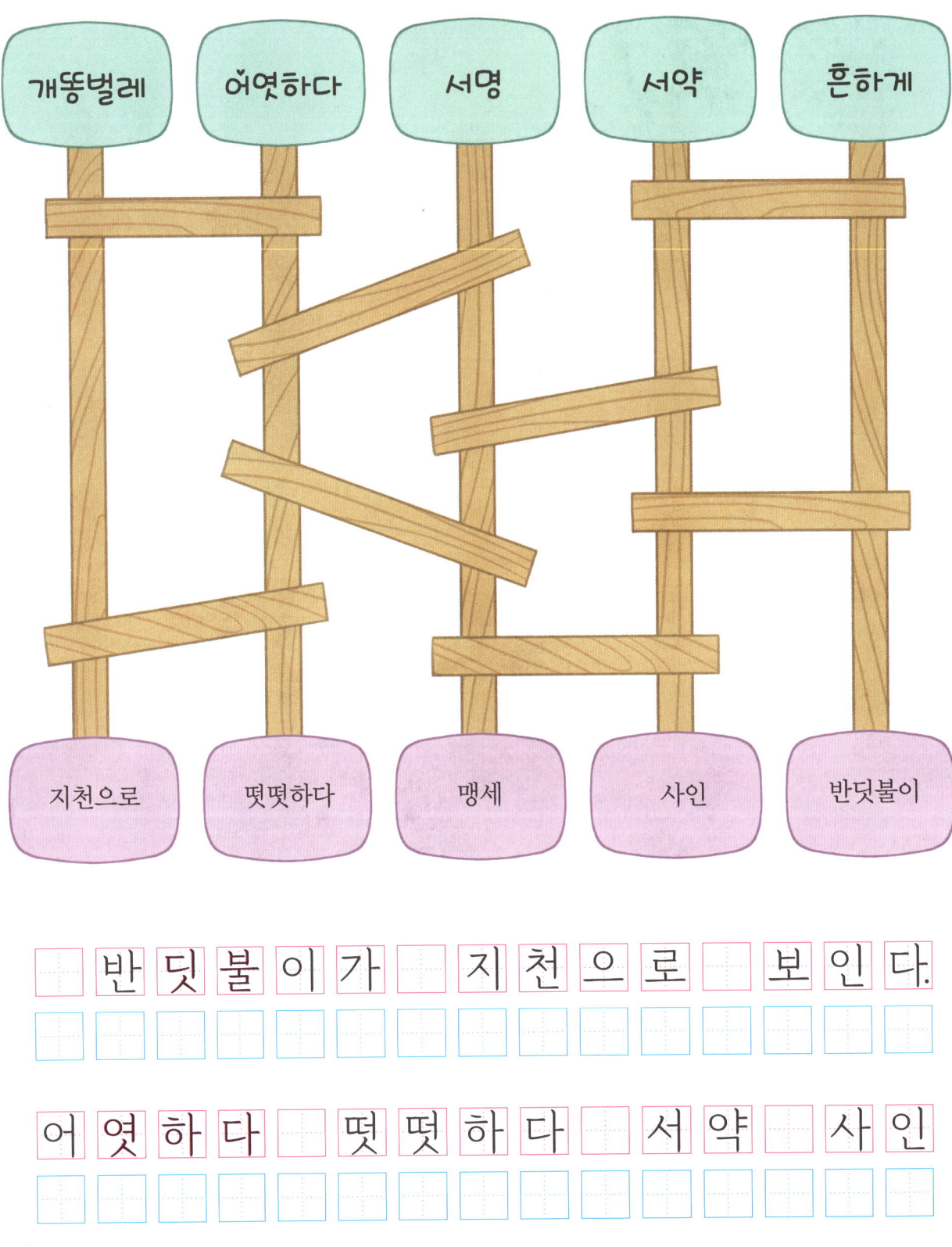

반딧불이가 지천으로 보인다.

어엿하다 떳떳하다 서약 사인

낱말의 관계 2
미로찾기_준말과 본딧말

✏️ 준말과 본딧말 가운데 준말을 따라 길을 찾고, 예쁘게 따라 써 보세요.

| 무 | 어 | | 뭐 | | 사 | 이 | | 새 | | 아 | 이 | | 애 | |

| 이 | 야 | 기 | | 애 | 기 | | 잘 | 가 | 닥 | | 잘 | 각 | |

어려운 낱말 5

사다리타기_어려운 낱말

📝 사다리를 따라가 어려운 낱말과 알맞은 뜻을 연결하고, 예쁘게 따라 써 보세요.

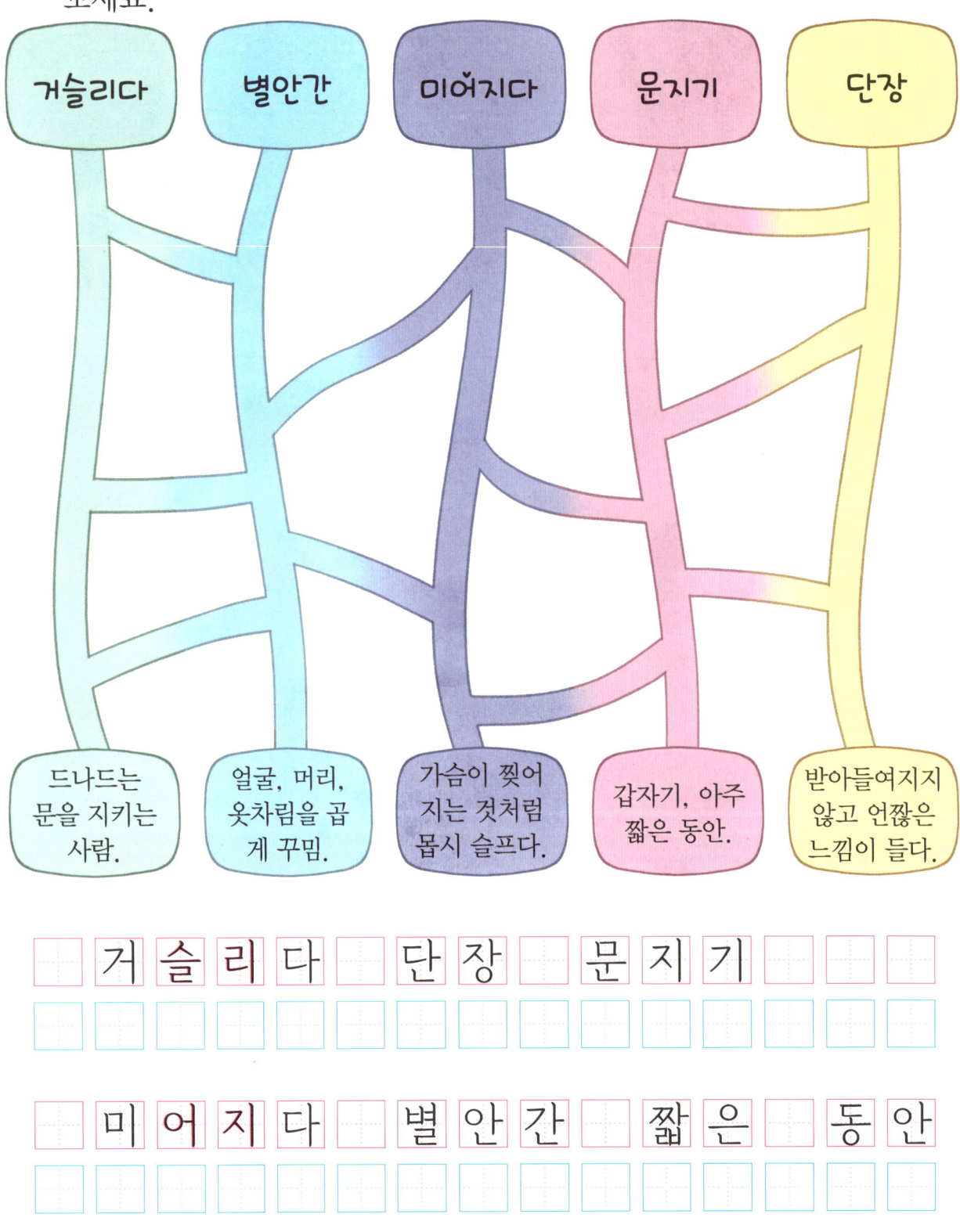

거슬리다   단장   문지기

미어지다   별안간   짧은 동안

토박이말 2 계절 날씨

✏️ 그림에 어울리게 보기의 낱말을 넣어 문장을 완성해 보세요.

> **보기**
>
> 가랑눈 건들바람 꽃샘바람 꽃샘추위 도둑눈 된서리 마른장마
> 무더위 무서리 불볕더위 소소리바람 올서리 진눈깨비 함박눈

봄 날씨를 나타내는 토박이말

여름 날씨를 나타내는 토박이말

가을 날씨를 나타내는 토박이말

겨울 날씨를 나타내는 토박이말

낱말의 관계 3

사다리타기_반대말

🖍 사다리를 따라가 뜻이 반대인 낱말을 연결하고, 예쁘게 따라 써 보세요.

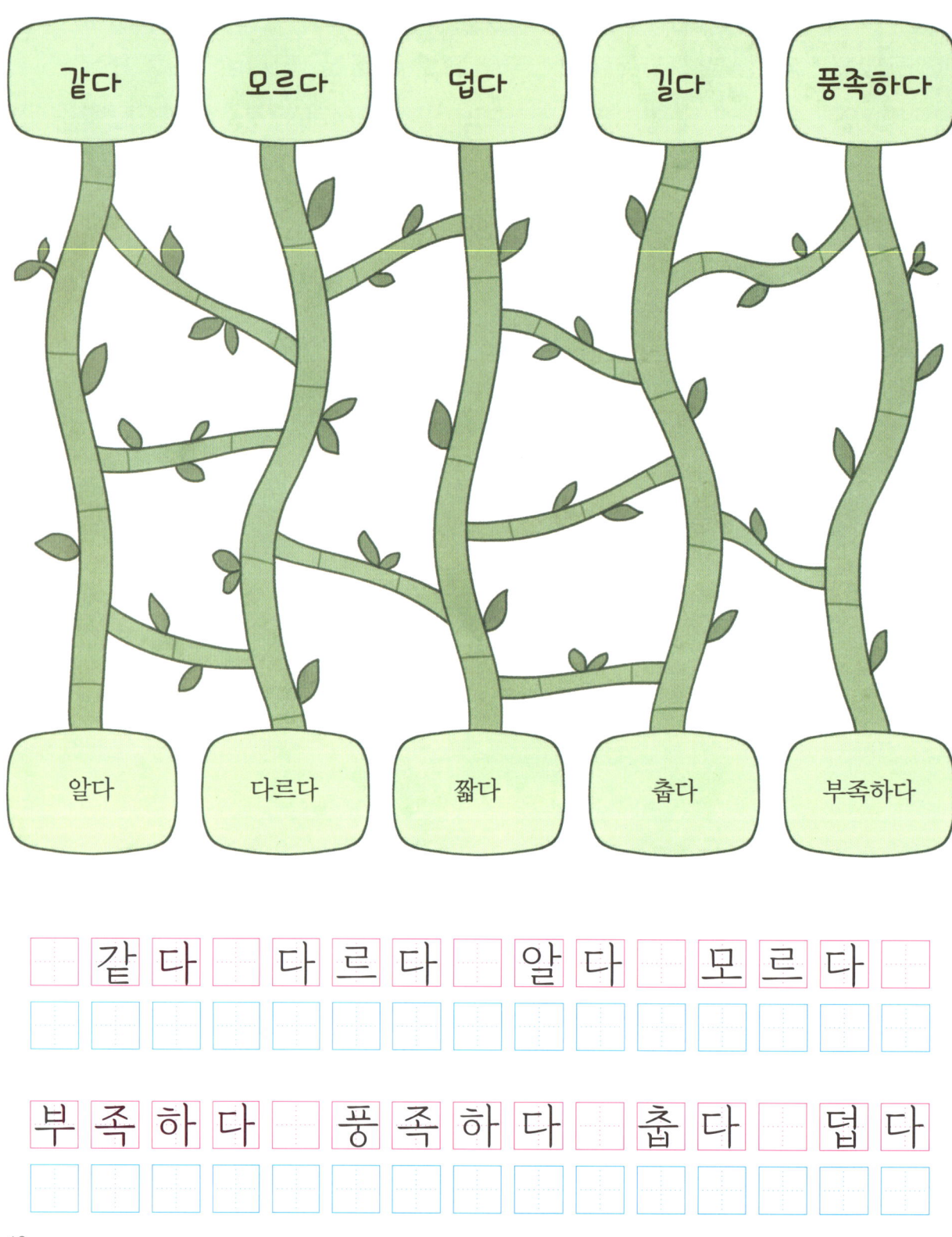

낱말의 관계 4 — 뜻이 비슷한 낱말

✏️ 뜻이 비슷한 낱말을 [보기]에서 찾아 쓰고, 예쁘게 따라 써 보세요.

[보기] 한결같다 풍족하다 분실하다 부족하다 분명하다

많다	어마어마하다	무진장하다	➡
적다	모자라다	덜하다	➡
확실하다	명료하다	틀림없다	➡
잃어버리다	상실하다	날리다	➡
같다	동일하다	영락없다	➡

많다 풍족하다 무진장하다

적다 모자라다 부족하다

어려운 낱말 6 — 옛날 옷을 나타내는 낱말

✏️ 아래 내용을 잘 읽은 뒤, 서로 어울리는 것끼리 선으로 연결하고, 바르게 써 보세요.

> 식물에서 짠 옷감으로는 삼베, 모시, 무명 따위가 있고, 동물에서 짠 옷감으로는 누에고치에서 뽑은 실로 짠 비단이 있습니다.
> 옛날에 아랫도리는 치마나 바지를 입고, 윗도리는 저고리와 조끼, 마고자를 입었습니다. 겉옷으로는 두루마기를 입었습니다.

- 삼베 • • 삼이라는 식물의 껍질에서 뽑아낸 실로 짠 옷감.
- 두루마기 • • 누에고치에서 뽑아낸 명주실로 짠 광택이 나는 옷감.
- 모시 • • 외출할 때 겉옷 위에 입는 우리나라 고유의 옷.
- 무명 • • 모시풀 껍질의 섬유로 짠 옷감. 베보다 곱고 희며, 여름 옷감으로 쓰임.
- 비단 • • 목화솜에서 뽑은 무명실로 짠 옷감.
- 마고자 • • 저고리 위에 입던 옛 옷. 저고리와 비슷한데 깃과 동정이 없고, 두 자락을 맞대어 단추를 끼워 입음.

삼베 모시 무명 비단 마고자

바른 발음법 3   ㅍ, ㅋ, ㅊ + 모음으로 시작하는 말

◈ 바른 발음에 ○표를 하고, 큰 소리로 읽으며 예쁘게 따라 써 보세요.

> ㅍ, ㅋ, ㅊ 받침 + ㅣ, ㅔ 와 같은 모음으로 시작하는 낱말
> → [피] [페] [키] [케] [치] [체] 와 같이 이어서 발음되어요.

- 늪이   [느비] (   )   [느피] (   )

- 무릎에   [무르베] (   )   [무르페] (   )

- 서녘에   [서녀게] (   )   [서녀케] (   )

- 부엌에   [부어케] (   )   [부어게] (   )

- 빛이   [비지] (   )   [비치] (   )

- 꽃이   [꼬지] (   )   [꼬치] (   )

| 늪이 | 무릎에 | 꽃이 | 빛이 |

| 부엌에 | 서녘에 | 꽃에 | 빛에 |

문장 자세히 쓰기 1 언제, 어디서

✏️ 보기 와 같이 그림에 어울리도록 '언제'와 '어디서'를 채워 문장을 자세히 표현해 보세요.

보 기

달리기를 했다.

언제 — <u>운동회 날</u> 달리기를 했다.

어디서 — <u>운동회 날</u> <u>운동장에서</u> 달리기를 했다.

갯벌 체험을 했다.

언제 _____ 갯벌 체험을 했다.

어디서 _____ _____ 갯벌 체험을 했다.

피자를 만들었다.

언제 _____ 피자를 만들었다.

어디서 _____ _____ 엄마와 피자를 만들었다.

공부를 했다.

언제 _____ 공부를 했다.

어디서 _____ _____ 공부를 했다.

문장 자세히 쓰기 2
누가, 언제, 어디서, 무엇을

✏️ **보기**의 글을 읽고, 내용에 알맞은 설명을 선으로 잇고, 예쁘게 따라 써 보세요.

보기

지난주 월요일에 우리 반은 김치 공장으로 현장 체험 학습을 갔다. 김치 만들기 체험을 했는데, 김치가 매콤하고 맛이 있었다.

지난주 월요일에	언제
우리 반은	누가
김치 공장으로	무엇을
현장 체험 학습을 갔다.	어디서
김치가 매콤하고 맛이 있었다.	생각과 느낌

　월요일에 우리 반은 김치 공장으로 체험 학습을 갔다.

문장 자세히 쓰기 3   경험과 느낌

📝 보기의 낱말을 넣어 그림에 어울리도록 '경험'과 '느낌'을 표현해 보세요.

보기

자랑스럽다   속상하다   기쁘다   맛있다

달리기를 했다.

경험 | 운동회 날 운동장에서 달리기를 하다가 넘어졌다.
느낌 | 무릎이 아프고 _____

갯벌 체험을 했다.

경험 | 여름 방학에 바닷가에서 갯벌 체험을 했다.
느낌 | 낙지를 잡아서 _____

피자를 만들었다.

경험 | 일요일에 부엌에서 엄마와 피자를 만들었다.
느낌 | 내가 만든 피자를 먹어보니, 무척 _____

독후감 대회 상장을 받았다.

경험 | 월요일에 학교에서 독후감 대회 상장을 받았다.
느낌 | 상장을 받으니, _____

맞춤법 4

주었다 - 줬다, 두었다 - 뒀다

✏️ 바르게 쓴 준말을 찾아 ○를 하고, 예쁘게 따라 써 보세요.

> •준말 : '추었다', '두었다', '알려 주어', '나누어'를 준말로 표현할 때는 '췄다', '뒀다', '알려 줘', '나눠'로 써요.

추었다니 : 췄다니(　) 쳤다니(　)　　나누어 : 나너(　) 나눠(　)

가두었어 : 가뒀어(　) 가뎠어(　)　　낮추어서 : 낮춰서(　) 낮쳐서(　)

| 추 | 었 | 다 | | 췄 | 다 | | 나 | 누 | 었 | 다 | | 나 | 눴 | 다 |

바른 띄어쓰기 1   -이/가, -을/를, -은/는, -의

✏️ 띄어쓰기에 맞게 고쳐 써 보세요.

> • **띄어쓰기** : 낱말과 낱말 사이는 띄어 쓰되, '-이/가', '-을/를', '-은/는', '-의'와 같은 말은 앞말에 붙여 써요.

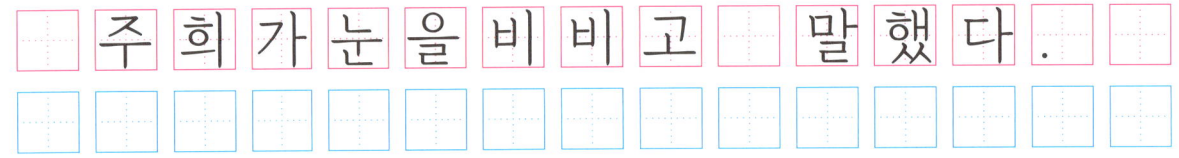

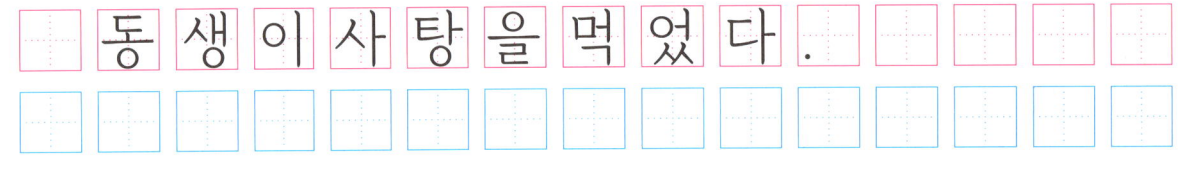

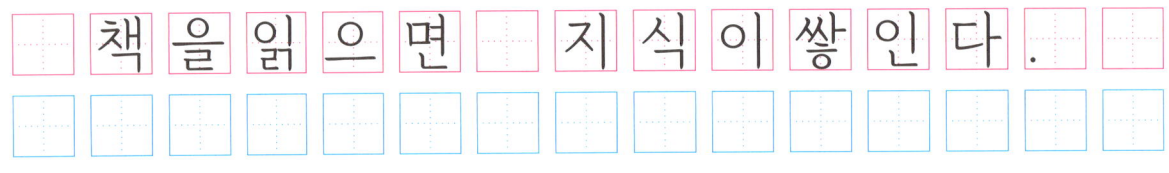

바른 띄어쓰기 2

마침표나 쉼표 등 문장 부호

✏️ 띄어쓰기에 맞게 고쳐 써 보세요.

- **문장 부호** : 큰따옴표(" "), 작은따옴표(' '), 마침표(.), 쉼표(,)는 한 칸에 쓰되, 마침표(.)와 쉼표(,) 뒤에 오는 말은 붙여 쓰고, 물음표(?)와 느낌표(!) 뒤에 오는 말은 한 칸 띄어 써요.

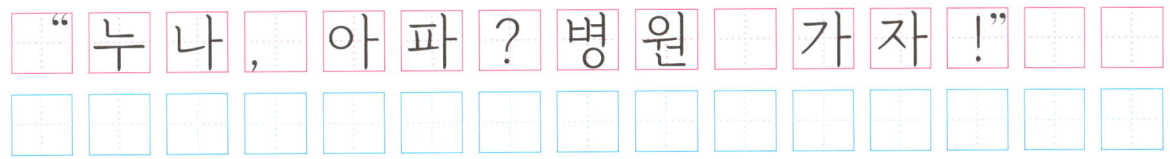

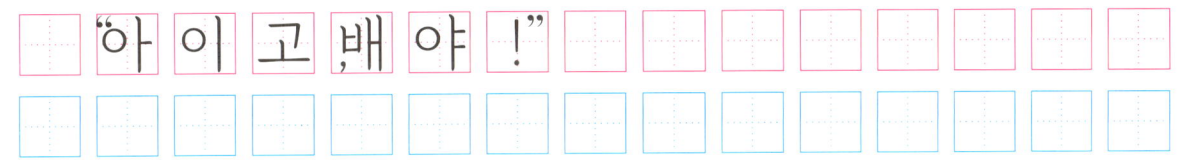

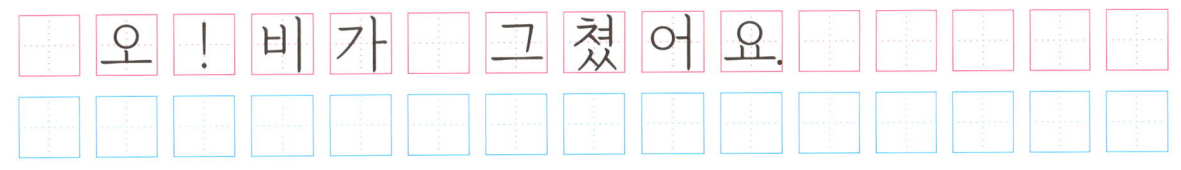

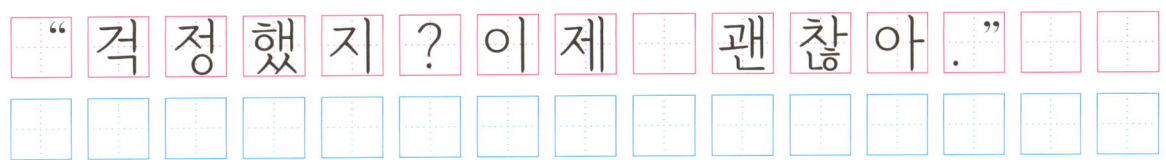

바른 띄어쓰기 3 — 수와 단위

아래 색깔 글자를 잘 보고, 파란색으로 쓰인 부분을 특히 주의하며 알맞게 띄어 써 보세요.

> '첫 번째, 두 번, 세 살, 네 묶음'과 같이 수를 나타내는 말과 단위를 나타내는 말 사이는 띄어 써요.

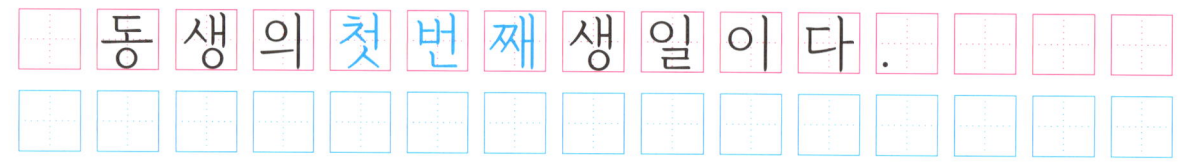

동생의 첫 번째 생일이다.

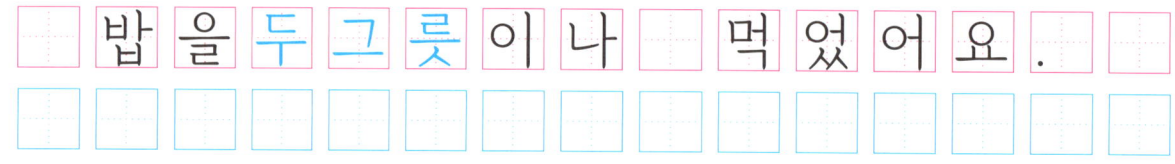

밥을 두 그릇이나 먹었어요.

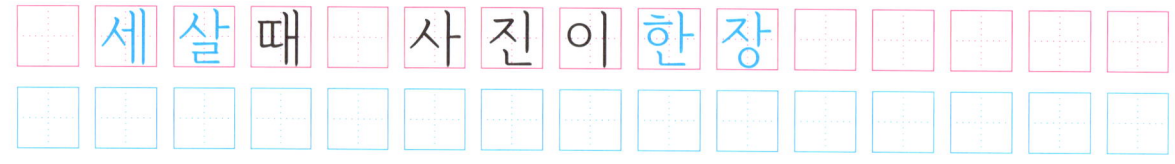

세 살 때 사진이 한 장

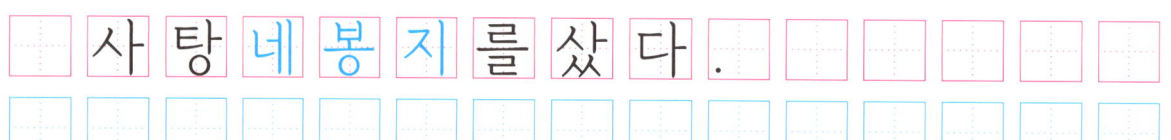

사탕 네 봉지를 샀다.

바른 띄어쓰기 4   알맞게 띄어 쓰기

✏️ 알맞게 띄어 쓴 문장을 골라 선으로 잇고, 예쁘게 따라 쓰세요.

- 아이가 오리를 보고 웃어요.
- 아이 가오리를 보고 웃어요.

- 나물 좀 줄래?
- 나 물 좀 줄래?

- 바닥에 돈이 만 원 떨어져 있었다.
- 바닥에 돈 이만원 떨어져 있었다.

나 물 좀 줄래? 만 원

57

감각적 표현 2 맛, 소리를 흉내 내는 말

✏️ 대상에 어울리는 감각적 표현을 보기에서 모두 찾아 써 보세요.

보기

아삭아삭   와사삭   왁자지껄
바삭바삭   깔깔깔   새콤달콤

바스락

_____

시큼새콤

_____

하하하

_____

감각적 표현 3   촉감, 모양을 흉내 내는 말

✏️ 대상에 어울리는 감각적 표현을 에서 모두 찾아 써 보세요.

보 기

보송보송   펄펄   궁질궁질   푹신푹신   끙끙   간질간질

보들보들

_____

뜨끈뜨끈

_____

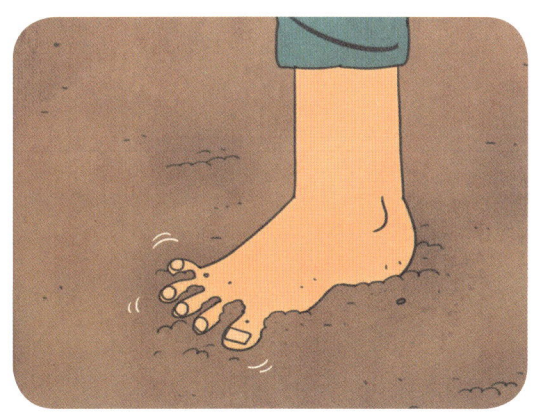

꼼지락꼼지락

_____

감각적 표현 4 — 다섯 가지 감각을 나타내는 말

✏ 대상에 어울리는 감각적 표현을 보기에서 찾아 쓰고, 예쁘게 따라 써 보세요.

보기
말랑말랑하다 쫄깃쫄깃하다 탁탁
매콤하다 꼬불꼬불하다 후루룩

본 느낌 : 동글동글하다.
냄새 맡은 느낌 : 구수하다.
만져 본 느낌 : _____.
소리를 들어본 느낌 : _____ 튀는 소리가 난다.
맛 본 느낌 : _____.

본 느낌 : _____.
냄새 맡은 느낌 : 고소하다.
만져 본 느낌 : 따끈하다.
먹는 소리를 들어본 느낌 : _____ 소리가 난다.
맛 본 느낌 : _____.

| 조 | 개 | 구 | 이 | 는 | | 구 | 수 | 한 | | 냄 | 새 | 가 |

| 나 | 며 | | 맛 | 은 | | 쫄 | 깃 | 쫄 | 깃 | 하 | 다 | . |

높임 표현 5

대상에 알맞은 높임 표현

✏️ 대상에 어울리는 높임 표현에 ○표 하고, 예쁘게 따라 써 보세요.

손님, 사과 주스 나오셨습니다. (　　)

손님, 사과 주스 나왔습니다. (　　)

저도 할머니 먹는 주스로 주세요. (　　)

저도 할머니 드시는 주스로 주세요. (　　)

선생님, 이 책은 정말 재미있어요. (　　)

선생님, 이 책은 정말 재미있으세요. (　　)

　사과　주스　나왔습니다.　할머
니　드시는　주스로　주세요.

전화 예절   전화 대화의 순서

✏️ 전화 대화를 순서에 맞게 번호를 쓰고, 예쁘게 따라 써 보세요.

- 전화로 대화할 때는?
1. 자신이 누구인지 먼저 밝혀요.
2. 내용을 정확하고 구체적으로 표현해요.
3. 상대방의 말을 다 듣고 끝인사를 해요.
4. 공공장소에서는 작은 목소리로 말해요.

"윤희 좀 바꿔 주세요"   (   )
"저는 윤희 친구 영수입니다."   (   )
"윤희네 집인가요?"   (   )
"여보세요?"   (   )

"윤희니? 나야. 영수."   (   )
"알려 줘서 고마워, 영수야."   (   )
"응. 웬일이야?   (   )
"내일 모둠 발표 날인 거 알려 주려고."   (   )
"내일 발표 잘하자. 그럼 안녕!"   (   )

저는 윤희 친구 영수입니다.

어려운 낱말 7
사다리타기_어려운 낱말

🖊 사다리를 따라가 어려운 낱말과 뜻을 연결하고, 예쁘게 따라 써 보세요.

바른 맞춤법 5 — 같은 뜻의 표준어

✏️ 같은 뜻을 나타내는 말을 선으로 잇고, 예쁘게 따라 써 보세요.

> • **복수 표준어**
> 한 가지 의미를 나타내는 말이 몇 가지로 널리 쓰이며 표준어 규정에 맞으면, 그 모두를 표준어로 인정합니다. 따라서 '만날'과 '맨날', '간질이다'와 '간지럽히다' '냄새' '내음', '예쁘다' '이쁘다' 등은 모두 표준어입니다.

만날	맨날
예쁘다	차지다
간질이다	이쁘다
찰지다	간지럽히다
삐지다	삐치다

만날 맨날 예쁘다 이쁘다

찰지다 차지다 삐지다 삐치다

바른 발음법 4   ㄱ, ㅂ, ㅈ + ㅎ 발음

✏️ 바른 발음에 ○표를 하고, 큰 소리로 읽으며 예쁘게 따라 써 보세요.

> ㄱ, ㅂ, ㅈ + ㅎ으로 시작하는 말
> ㅎ 받침 + ㄱ, ㅂ, ㅈ으로 시작하는 말
> → [ㅋ], [ㅍ], [ㅊ]와 같이 거센소리로 발음되어요.

답답하다	[답따바다]	( )	[답따파다]	( )
끊자마자	[끈차마자]	( )	[끈짜마자]	( )
약한	[약안]	( )	[야칸]	( )
섭섭하다	[섭서바다]	( )	[섭써파다]	( )
착한	[차칸]	( )	[차간]	( )
밝히다	[발기다]	( )	[발키다]	( )

답답하다 끊자마자 섭섭하다

약한 착한 밝히다

바른 맞춤법 6 　 -(는)대, -(는)데

✏️ 그림에 어울리는 바른 맞춤법에 ○표 하고, 예쁘게 따라 써 보세요.

'-(는)대'는 다른 사람에게 들은 말을 전할 때 쓰이고,
'-(는)데'는 말하는 사람이 예전에 겪었던 일을 말할 때 쓰여요.

김 선비가 밤중에 산길을 걸어가고 있었는대 (　　)
김 선비가 밤중에 산길을 걸어가고 있었는데 (　　)

어흥! 하고 호랑이가 나타났대.　　(　　)
어흥! 하고 호랑이가 나타났데.　　(　　)

훈이는 우산을 들고 학교에 갔는대　(　　)
훈이는 우산을 들고 학교에 갔는데　(　　)

비는 안 오고 맑았대.　　　　(　　)
비는 안 오고 맑았데.　　　　(　　)

　우산을　들고　갔는데　맑았대.

어려운 낱말 8
사다리타기_어려운 낱말

✏️ 사다리를 따라가 어려운 낱말과 뜻을 연결하고, 예쁘게 따라 써 보세요.

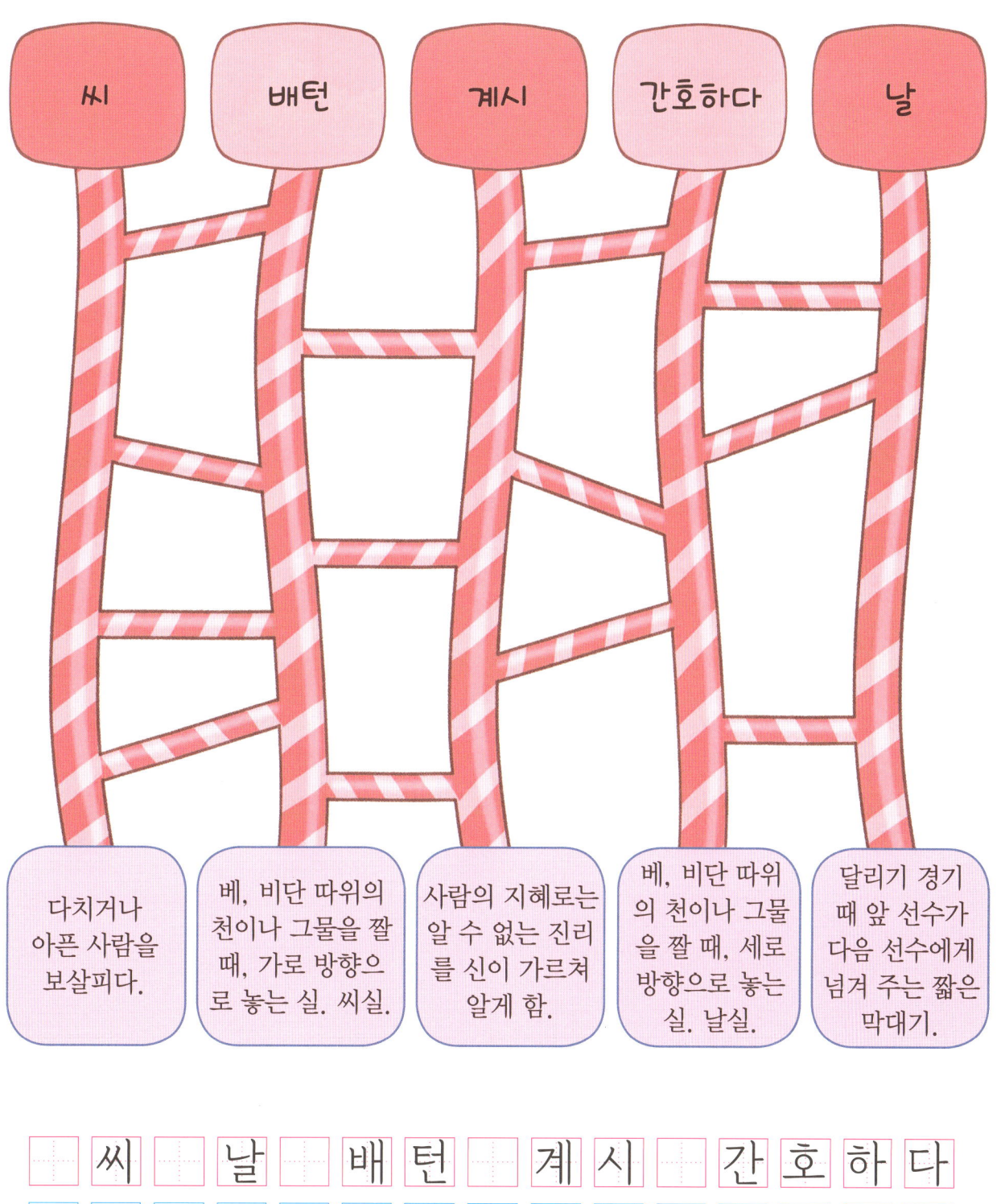

낱말의 관계 5 　유의어와 반의어

◆ 낱말 사이의 관계에 맞게 알맞은 낱말을 보기에서 찾아 쓰고, 예쁘게 따라 써 보세요.

보기
잇다　단순하다　끊다　고르다
쓰다　복잡하다　지우다　흐트러지다

유의어　　　　반의어

연결하다 = [　] ↔ [　]

간단하다 = [　] ↔ [　]

가지런하다 = [　] ↔ [　]

기록하다 = [　] ↔ [　]

연결하다　잇다　끊다

바른 맞춤법 7 −ㄹ게, −ㄹ게요

✏️ 그림에 어울리는 바른 맞춤법에 ○표 하고, 예쁘게 따라 써 보세요.

> 어떤 행동에 대한 약속이나 의지를 나타낼 때 쓰는 '−ㄹ게'는 [께]로 소리가 나더라도 '게'로 적어요.

엄마, 친구들과 축구하고 다섯 시쯤 갈게요. (　)
엄마, 친구들과 축구하고 다섯 시쯤 갈께요. (　)

숙제는 집에 가서 할게요　　　　(　)
숙제는 집에 가서 할께요　　　　(　)

케이크 맛있게 잘 먹을께요.　　(　)
케이크 맛있게 잘 먹을게요.　　(　)

오렌지 주스도 잘 마실게요.　　(　)
오렌지 주스도 잘 마실께요.　　(　)

내일 갈게요. 잘 먹을게요.

시간과 장소를 나타내는 말 — 시간과 장소를 나타내는 말로 나누기

◆ 보기의 밑줄 친 말을 시간과 장소를 나타내는 말로 나눠 쓰세요.

보기

오늘은 직업 체험관에 체험 학습을 가는 날이다.
우리 모둠은 아침 일찍 학교에서 출발해서 열 시에 직업 체험관에 도착했다. 먼저 소방관 체험을 하려고 소방서로 갔다.

시간을 나타내는 말

장소를 나타내는 말

보기

수업 시간 종이 친 뒤, 우리는 교실에서 국어 공부를 했다.
2교시에는 운동장에서 줄넘기를 했다.
점심시간이 되자, 우리는 급식실로 가서 점심을 먹었다.

시간을 나타내는 말

장소를 나타내는 말

차례를 나타내는 말

차례를 나타내는 말 쓰기

✏️ 보기 의 글을 읽고 차례를 나타내는 말을 찾아 순서대로 써 보세요.

보 기

첫 번째, 서로 다른 색깔의 실 세 가닥을 함께 잡고 매듭을 짓습니다.
두 번째, 셀로판테이프로 매듭 위쪽을 책상에 붙입니다.
세 번째, 실 세 가닥을 잡고 세 가닥 땋기를 합니다.
네 번째, 땋은 실 끝을 매듭짓고, 마지막으로, 양쪽 끝을 연결합니다.

보 기

계란 프라이를 할 때는, 가장 먼저 프라이팬에 기름을 두릅니다.
그 다음에는 계란을 깨서 프라이팬에 놓습니다.
끝으로 계란이 먹기 좋게 익으면 접시에 냅니다.

받아쓰기

✏️ **불러 주는 말을 잘 듣고, 띄어쓰기와 맞춤법에 맞게 써 보세요.**
　＊131쪽에 있는 받아쓰기 정답 문장을 불러 주세요.

1.
2.
3.
4.
5.
6.
7.
8.
9.
10.

제2장

맞춤법 띄어쓰기 따라쓰기

완전 정복하기

바른 맞춤법 8   -ㄹ게, -ㄹ걸 / -ㄹ꼬, -ㄹ까

✏️ 바르게 쓴 글을 찾아 ○를 하고, 예쁘게 따라 써 보세요.

> '-ㄹ게' '-ㄹ걸'은 '갈게', '일어날걸'에서처럼 [갈께], [이러날껄]로 소리 나지만 ㄲ이 아닌, ㄱ을 써요.
> '-ㄹ꼬' '-ㄹ까'와 같이 묻는 말은 소리 나는 대로 ㄲ을 써요.

일어날껄…….( ) 일어날걸…….( )   뛰어갈게! ( )   뛰어갈께! ( )

 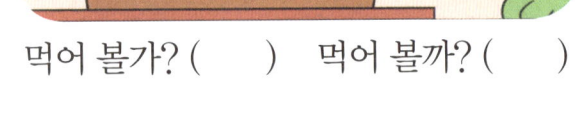

늦을꼬? ( ) 늦을고? ( )   먹어 볼가? ( )   먹어 볼까? ( )

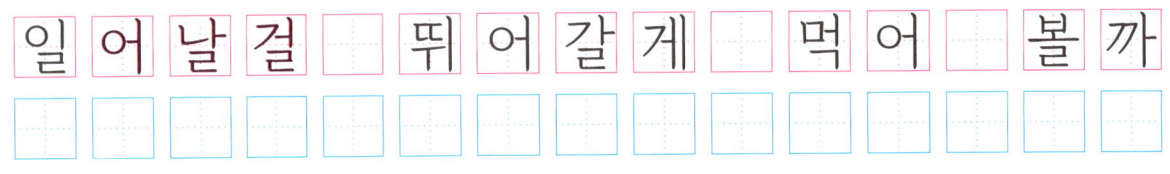

어려운 낱말 9

사다리타기_어려운 낱말

◆ 사다리를 따라가 어려운 낱말과 뜻을 연결하고, 예쁘게 따라 써 보세요.

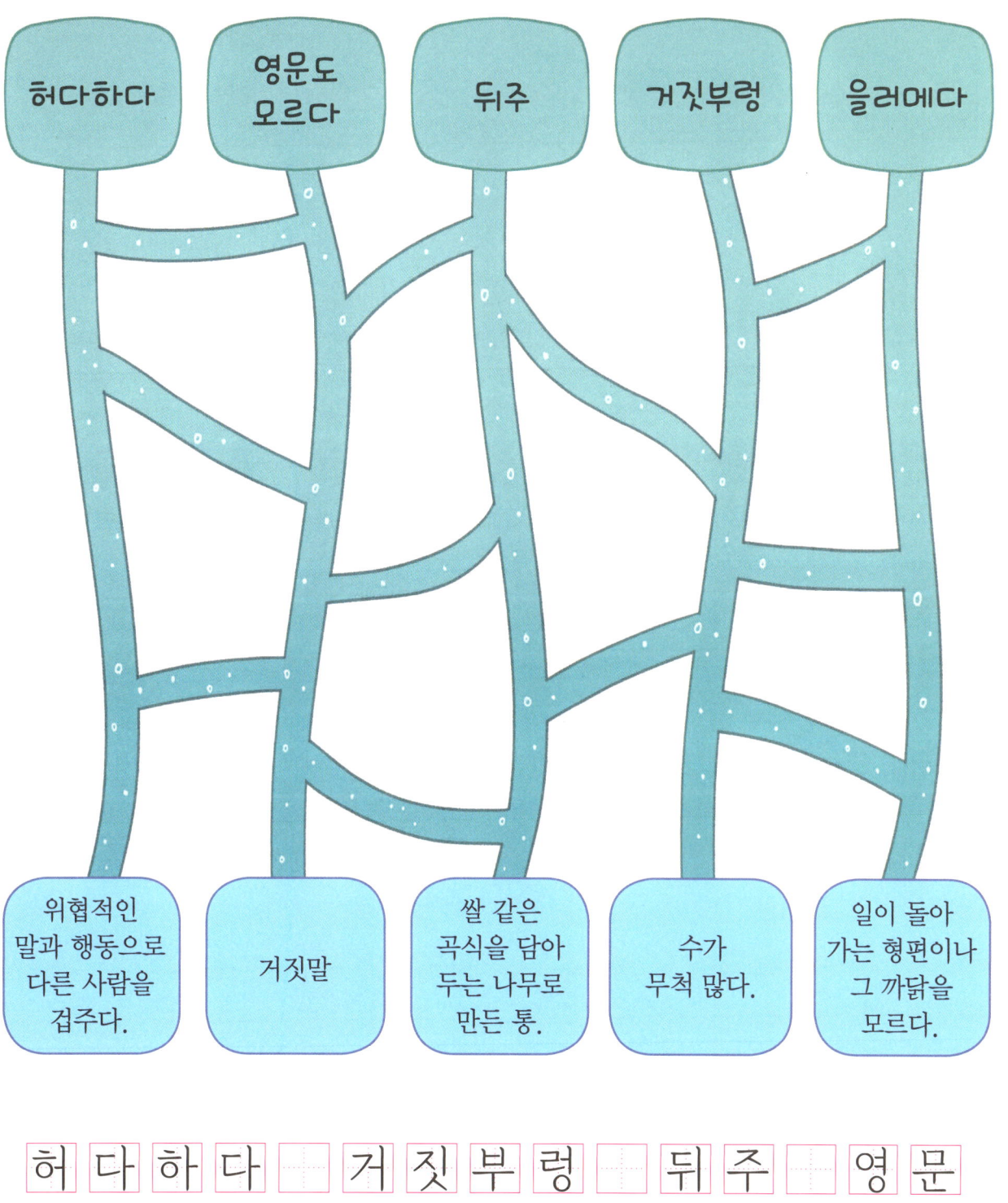

어려운 낱말 10 낱말 뜻

🖍 어려운 낱말과 뜻을 연결하고, 예쁘게 따라 써 보세요.

| 화실 | • | • | 조금 파랗다. 비슷한 말은 파릇하다. |

| 파르스름하다 | • | • | 화가나 조각가가 그림을 그리거나 조각하는 일을 하는 방. |

| 오지 | • | • | 붉은 진흙으로 만들어 볕에 말리거나 약간 구운 다음, 윤이 나도록 하는 잿물을 입혀 다시 구운 그릇. |

| 뭉근하다 | • | • | 눈이나 비가 조용히 성기게 내리는 모양. |

| 부슬부슬 | • | • | 세지 않은 불기운이 끊이지 않고 꾸준하다. |

화 실   뭉 근 하 다   부 슬 부 슬

오 지   파 르 스 름 하 다

자료 정리하기 1 나뭇가지 모양으로 정리하기

◆ 보기 의 글을 정리하여 빈칸을 채우고, 예쁘게 따라 써 보세요.

> 보기
>
> 일기예보를 말씀드리겠습니다.
> 오늘 날씨는 전국적으로 맑겠습니다.
> 일요일에는 아침저녁으로 기온 차가 크겠습니다. 나들이 하실 때는 따뜻한 옷을 준비하시기 바랍니다.

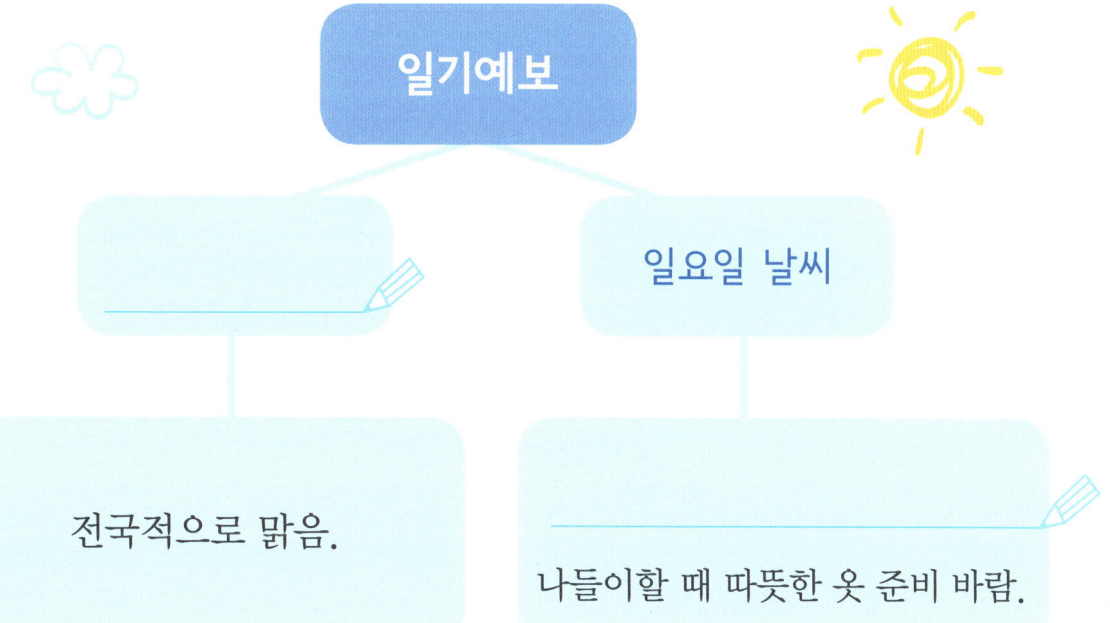

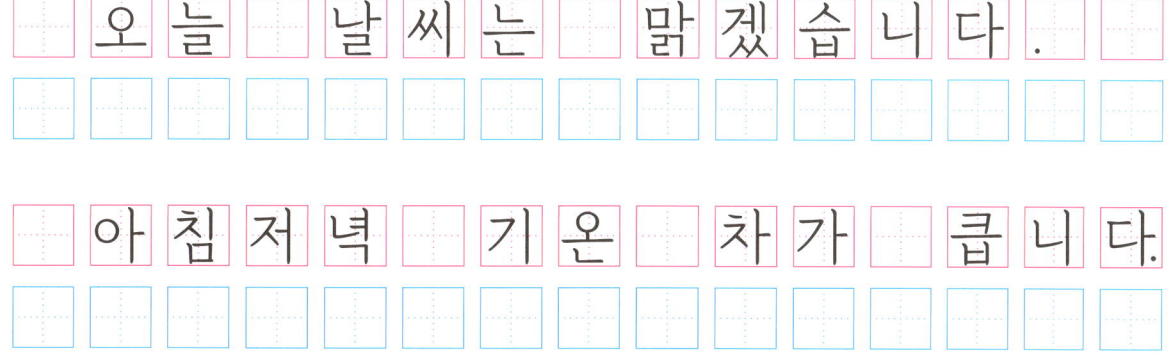

자료 정리하기 2 도형으로 정리하기

✏️ 보기 의 글을 정리하여 도형 모양의 빈칸을 채우고, 예쁘게 따라 써 보세요.

> **보 기**
>
> 다람쥐와 청솔모는 비슷한 점이 많습니다. 둘 다 나무를 탑니다. 또한 먹이로 도토리를 먹습니다.
> 다람쥐와 청솔모는 다른 점도 있습니다. 다람쥐는 등에 줄무늬가 있고, 겨울잠을 잡니다. 청솔모는 다람쥐보다 꼬리가 길고, 나무 위에서만 살아갑니다.

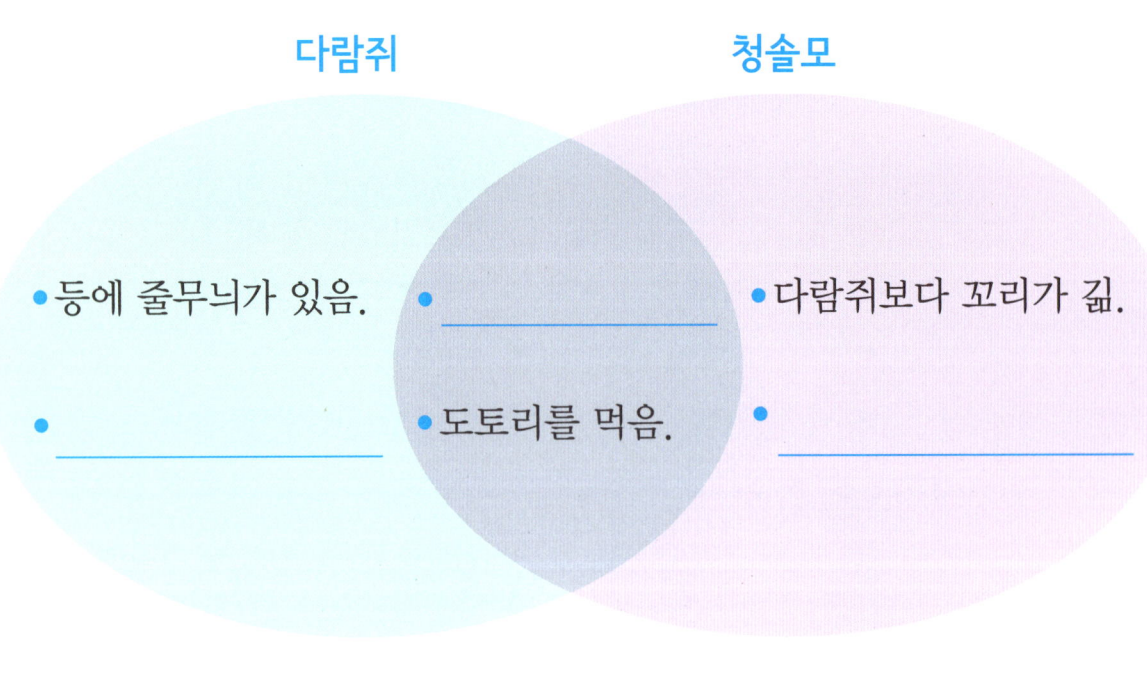

　다람쥐와 청솔모는 비슷한
점도 있고, 다른 점도 있어요.

자료 정리하기 3   수직선으로 정리하기

◆ 보기 의 글을 정리하여 수직선 모양의 빈칸을 채우고, 예쁘게 따라 써 보세요.

보 기

우리는 오전 9시에 박물관에 도착했다. 오전 11시에는 화석 만들기 체험을 했다. 고무찰흙에 조개 모양을 도장처럼 찍었다. 오후 1시에는 집에서 싸온 김밥 도시락을 먹었다. 맛이 있었다. 오후 2시에는 드디어 동물원에 도착했다.

오전 9시 —
오전 11시 — 화석 만들기 체험을 함.
오후 1시 —
오후 2시 — 동물원에 도착함.

오전 9시에 박물관에 도착
했다. 오전 11시에는 화석 만
들기 체험을 했다.

중심 문장과 뒷받침 문장 4   구분하기

◆ 문장을 읽고 보기와 같이 중심 문장에는 ○표, 뒷받침 문장에는 △표를 넣어 보세요.

보기

동물들이 소리를 내는 방식은 다양합니다.

성대를 써서 소리 내는 동물도 있고, 다른 부위를 이용하는 동물도 있습니다.

물고기는 몸속에 있는 부레로 여러 소리를 냅니다.

부레 안쪽 근육을 수축하거나 얇은 막을 진동해 소리를 낼 수 있습니다.

보건실, 체육관, 도서실, 음악실, 과학실 등이 있습니다.

우리 학교에는 여러 교실이 있습니다.

봄에는 여러 색깔의 꽃이 피기 시작합니다.

노란 개나리가 피고, 분홍색 진달래도 핍니다.

이야기 간추리기 시간, 장소, 사건 구분하기

✏️ 보기의 이야기를 잘 읽고 '시간, 장소, 사건'을 구분하여 연결해 보세요.

--- 보기 ---
옛날 어느 마을, 욕심쟁이 부자의 집에 느티나무가 있었어요. 느티나무 그늘에서 잠이 들었던 총각은 욕심쟁이 부자에게 혼쭐이 났어요. 그러자 총각은 욕심쟁이 부자에게 열 냥을 주고 나무 그늘을 샀어요.

시간	•	•	옛날
장소	•	•	총각이 욕심쟁이 부자에게서 나무 그늘을 샀다.
사건	•	•	어느 마을

--- 보기 ---
오후가 되자, 나무 그늘은 부자 영감의 집 마당까지 길어졌어요. 총각은 성큼성큼 부자 영감의 집 안으로 들어갔어요. 나무 그늘이 안방까지 길어지자, 총각은 안방으로 들어가서 벌렁 드러누웠어요.

시간	•	•	총각이 부자 영감 집 안방에 드러누웠다.
장소	•	•	부자 영감의 집
사건	•	•	오후

주장하는 글 간추리기 문제점과 해결 방안

✏️ 보기의 주장하는 글을 '문제점과 해결 방안'을 구분하여 연결하고, 예쁘게 따라 쓰세요.

보기

우리는 많은 에너지 자원을 사용하고 있다. 그런데 석탄, 석유, 가스, 전기 같은 에너지 자원은 한없이 있는 것이 아니다. 다 쓰고 나면 더는 에너지 자원을 구할 수 없게 된다. 그러므로 우리는 에너지를 절약해야 한다. 에너지를 불필요하게 쓰지 않고, 냉방기나 난방기를 적게 쓰는 것도 하나의 해결 방법이다.

| 문제점 | • | • | 에너지를 절약해야 한다. |
| 해결 방안 | • | • | 에너지 자원은 다 쓰고 나면 구할 수 없게 된다. |

보기

우리 동네 골목길이 어두워서 밤에는 다니기가 무섭다는 사람들이 많습니다. 그러므로 골목길에 시시티브이와 가로등을 더 설치해야 합니다. 그러면 주민들이 더 안전하게 생활할 수 있습니다.

| 문제점 | • | • | 골목길이 어두워서 밤에 다니기가 무섭다는 사람들이 많다. |
| 해결 방안 | • | • | 시시티브이와 가로등을 더 설치해야 한다. |

어려운 낱말 II

사다리타기_어려운 낱말

◆ 사다리를 따라가 어려운 낱말과 뜻을 연결하고, 예쁘게 따라 써 보세요.

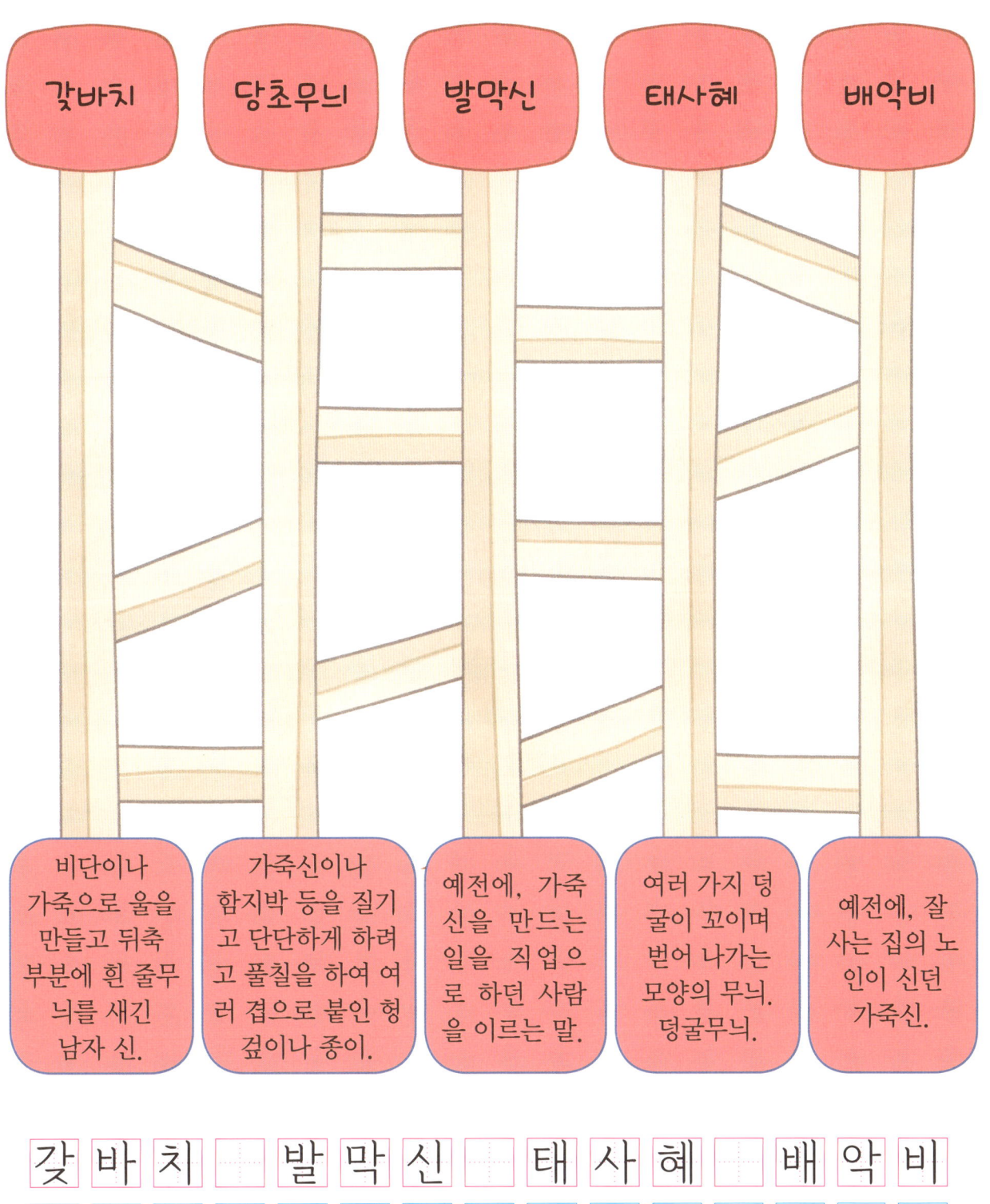

바른 띄어쓰기 5 — '것, 수, 줄'과 같이 혼자서 쓸 수 없는 낱말

📓 바른 띄어쓰기에 ○표를 하고, 예쁘게 따라 써 보세요.

> '것' '수' '줄'은 혼자서는 쓸 수 없는 낱말입니다. '예쁜 것', '할 수', '그럴 줄'과 같이 다른 낱말과 함께 쓰고, 쓸 때는 한 칸을 띄어 씁니다.
> '이것, 저것, 그것'은 하나의 낱말이므로 붙여 씁니다.

- 구구단 할줄알아요.   할줄 알아요. (   )   할 줄 알아요. (   )

- 마실것 좀 주세요.   마실 것 (   )   마실것 (   )

- 하는수없이 집에 왔다.   하는 수없이 (   )   하는 수 없이 (   )

- 물을 엎지를줄이야!   엎지를줄이야! (   )   엎지를 줄이야! (   )

- 아는것이 힘이다.   아는 것이 (   )   아는것이 (   )

- 이것보다 저것이 밝구나   이 것, 저 것 (   )   이것, 저것 (   )

아	는		것	이		힘	이	다	.	마	실		것

물	을		엎	지	를		줄	이	야	!		이	것

바른 발음법 5
ㄴ, ㄹ의 앞이나 뒤에 있는 낱말

📝 바른 발음에 ○표를 하고, 예쁘게 따라 써 보세요.

'한라산[할:라산]', '칼날[칼랄]'과 같이 'ㄴ'은 'ㄹ'의 앞이나 뒤에서 [ㄹ]로 소리가 납니다.

- 칼날   [칼날] ( )   [칼랄] ( )
- 훈련   [훌련] ( )   [훈년] ( )
- 물난리   [물난니] ( )   [물랄리] ( )
- 신라   [실라] ( )   [신나] ( )

'생산량[생산냥]', '판단력[판단녁]'과 같은 몇몇 한자어는 'ㄴ' 다음에 오는 'ㄹ'이 [ㄴ]으로 소리가 납니다.

- 판단력   [판단녁] ( )   [판달력] ( )
- 의견란   [의결란] ( )   [의견난] ( )
- 등산로   [등살로] ( )   [등산노] ( )
- 반찬류   [반찰류] ( )   [반찬뉴] ( )

신라 훈련 물난리 한라산

판단력 의견란 등산로 생산량

듣는 사람

듣는 사람에 따른 말투

✏️ 듣는 사람이 누구인지를 보기에서 골라 빈칸을 채우세요.

―― 보기 ――
동생   친구   여러 사람

☐ 사람들이 돈을 왜 만들었는지 아니?
사람들이 물건과 물건을 바꿔 쓰기가 불편해서 만든 거야.
처음에 쓰인 돈은 조개껍데기였대.

☐ 사람들이 왜 돈을 만들었는지 아시나요?
물물 교환을 할 때 사람들이 서로 원하는 것이 다르고, 물건의 가치가 달라서 불편했기 때문입니다. 그래서 생각해 낸 것이 바로 돈입니다. 최초의 돈은 중국인들이 사용한 조개껍데기입니다.

☐ 사람들이 왜 돈을 만들었는지 아니?
물물 교환을 할 때 사람들이 서로 원하는 것이 다르고, 물건의 가치가 달라서 불편했어. 그래서 생각해 낸 것이 바로 돈이야. 최초의 돈은 중국인들이 사용한 조개껍데기야.

　사람들이 왜 돈을 만들었는
지 아시나요?

사실과 의견

사실에 대한 의견

✏️ **보기**의 글을 '사실과 의견'을 구분하여 연결하고, 예쁘게 따라 써 보세요.

보기

동생과 박물관 현장 체험 학습을 다녀왔다. 박물관에는 옛날에 쓰던 물건들이 전시되어 있었다. 옛날 사람들의 그릇과 등잔 같은 물건들이 오늘날의 물건들보다 멋지다고 느껴졌다.

- 의견 • • 동생과 박물관 현장 체험 학습을 다녀왔다.
- 사실 • • 박물관에는 옛날에 쓰던 물건들이 전시되어 있었다.
- 사실 • • 옛날 사람들의 그릇과 등잔 같은 물건들이 오늘날의 물건들보다 멋지다고 느껴졌다.

보기

오늘 오전 8시 30분 열차가 선로를 이탈하는 사고가 일어났습니다. 이런 일이 일어나지 않도록 안전사고에 대비해야 한다고 생각했습니다.

- 사실 • • 오늘 오전 8시 30분 열차가 선로를 이탈하는 사고가 일어났습니다.
- 의견 • • 이런 일이 일어나지 않도록 안전사고에 대비해야 한다고 생각했습니다.

안전사고에 대비해야 한다.

어려운 낱말 12

사다리타기_어려운 낱말

✏️ 사다리를 따라가 어려운 낱말과 뜻을 연결하고, 예쁘게 따라 써 보세요.

바른 띄어쓰기 6 — 만큼, 대로, 뿐

● ( ) 안의 낱말 가운데 바른 표기를 골라 ○를 하고, 예쁘게 따라 써 보세요.

- '만큼', '대로', '뿐'은 '볼 만큼', '있는 대로', '들었을 뿐이에요'와 같이 앞에 오는 다른 낱말과 함께 쓰는 낱말이에요.
- '아는 만큼'처럼 '-는, -을, -던'과 같이 '-ㄴ/ㄹ'로 끝나는 말 뒤에서는 띄어 써요. 하지만 '너만큼'처럼 이름을 나타내는 낱말이나, '하나만큼'처럼 수를 나타내는 낱말 뒤에서는 붙여 써요.

교실 안은 숨소리가 (들릴만큼, 들릴 만큼) 조용했어요.

솔직하게 내가 (느낀 대로, 느낀대로) 글을 썼습니다.

너는 누나의 (하나뿐인, 하나 뿐인) 동생이란다.

말만 하지 (않았을 뿐이지, 않았을뿐이지) 모두들 알고 있었어요.

(노력한 만큼, 노력한만큼) 얻게 되었습니다.

너는 (너대로, 너 대로) 나는 내가 (원하는대로, 원하는 대로) 최선을 다하자.

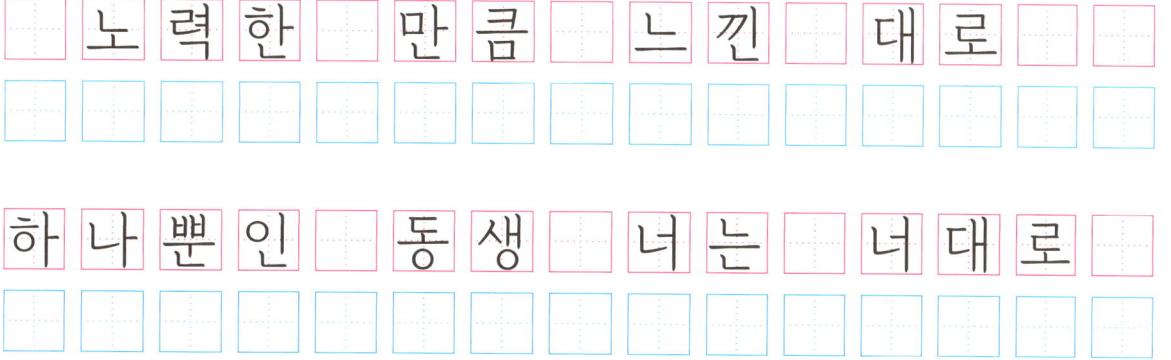

바른 발음법 6 — 이어서 소리 나는 받침, 소리 나지 않는 받침

✏️ 아래 글을 잘 읽고 바른 발음에 ○를 하고, 예쁘게 따라 써 보세요.

> '먹을'은 [머글], '찾은'은 [차즌]으로 받침이 뒷말에 이어서 소리가 나요.

- 먹을　　　　[머글] (　)　　　[먹글] (　)
- 찾은　　　　[차즌] (　)　　　[찾즌] (　)
- 물건을　　　[물건늘] (　)　　[물거늘] (　)
- 같아서　　　[가타서] (　)　　[갇타서] (　)

> '낳았다', '좋아요'와 같은 낱말은 [나앋다], [조아요]로 소리가 나듯이 'ㅎ'받침은 소리가 나지 않아요.

- 좋아요　　　[조아요] (　)　　[조하요] (　)
- 많아서　　　[만하서] (　)　　[마나서] (　)
- 내려놓아라　[내려노하라] (　)　[내려노아라] (　)
- 닿았다　　　[다핟따] (　)　　[다앋따] (　)

먹을　찾은　물건을　같아서

좋아요　많아서　내려놓아라

바른 띄어쓰기 7 — 낱말과 낱말이 만나 하나가 된 낱말

✏️ ( ) 안의 낱말 가운데 바른 표기를 골라 ○를 하고, 예쁘게 따라 써 보세요.

'공부를 하다'가 '공부하다'로 되듯이 낱말과 낱말이 만나 하나의 낱말이 될 때가 있어요. 그럴 때는 붙여 써요.

지우개를 (사용 해서, 사용해서) 틀린 글자를 지웠어요.

공장에서 나온 폐수가 땅에 (흡수되면, 흡수 되면) 환경이 오염됩니다.

강아지를 (훈련시키기가, 훈련 시키기가) 어렵네요.

오빠는 (공부하느라, 공부 하느라) 바빴어요.

(이해되면, 이해 되면) 고개를 끄덕이세요.

피노키오를 (공부시키기가, 공부 시키기가) 힘들어요.

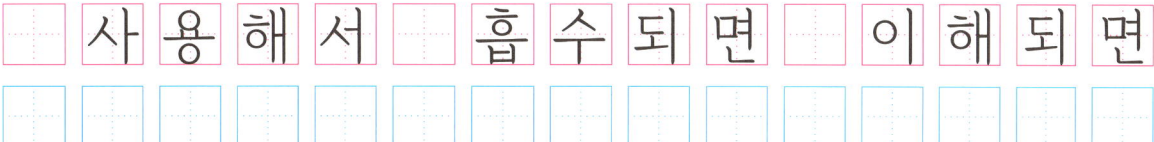

어려운 낱말 13 — 낱말 뜻 알기

알맞은 말을 보기에서 골라 (   ) 안에 쓰고, 따라 써 보세요.

보기

소복이 : 쌓이거나 담긴 물건이 볼록하게 많이.
부산스러워요 : 급히 서두르거나 시끄럽게 떠들어서 어수선해요.
종지 : 간장, 고추장 따위를 담아서 상에 놓는 작은 그릇.
버선본 : 버선을 만들 때 옷감을 떠내기 위해 만든 종이 본.
벽지 : 벽에 바르는 종이.
원격 : 멀리 떨어져 있음.

김장을 하는 날 아침에는 온 식구가 (   ).

(   )에 간장을 담아서 상 위에 올려놓아요.

전자 종이는 전자 신호를 이용해 (   )으로 인쇄해요.

(   )에 풀칠을 해서 벽에 붙였어요.

함박눈이 내려서 지붕마다 (   ) 쌓였어요.

종지   소복이   벽지   원격

부산스러워요   버선본

낱말의 성질 5
형태가 바뀌는 낱말의 기본형

✏️ 밑줄 친 낱말을 아래의 표에 나누어 쓰고, 예쁘게 따라 써 보세요.

보기

동생이 색종이로 물고기를 접었다.
언니는 색종이 끝에 풀을 묻혀서 스케치북에 붙였다.
오빠는 스케치북에 파란 물감으로 바다를 그렸다.
종이접기로 멋진 어항이 완성되었다.

낱말	형태가 바뀌지 않는 부분	형태가 바뀌는 부분	기본형
접었다	접		접다
묻혀서	묻히	어서	
붙였다	붙이	었다	
그렸다		었다	그리다
멋진	멋지	ㄴ	
완성되었다		었다	완성되다

낱말의 관계 6 　상위어 하위어

✏️ 낱말 사이의 관계에 맞게 알맞은 낱말을 보기에서 찾아 쓰고, 예쁘게 따라 써 보세요.

훈민정음 1 한글을 만든 과정

◆ 보기의 낱말 가운데 알맞은 낱말을 골라 ( ) 안에 쓰고, 예쁘게 따라 써 보세요.

보기

훈민정음   세종 대왕   자음   모음   애민 정신

'백성을 가르치는 바른 소리'라는 뜻으로
한글이 처음 만들어질 때 이름은?　　　　　　(　　　　　)

'ㄱ ㄴ ㄷ ㄹ ㅁ ㅂ ㅅ ㅇ ㅈ ㅊ ㅋ ㅌ ㅍ ㅎ'은?　(　　　　　)

백성을 아끼고 사랑하는 정신은?　　　　　　(　　　　　)

'ㅏ ㅑ ㅓ ㅕ ㅗ ㅛ ㅜ ㅠ ㅡ ㅣ'는?　　　　　(　　　　　)

한글을 만든 조선의 4대 임금은?　　　　　　(　　　　　)

| 훈 | 민 | 정 | 음 | 세 | 종 | 대 | 왕 | 자 | 음 |

| 모 | 음 | 애 | 민 | 정 | 신 | 바 | 른 | 소 | 리 |

훈민정음 2   한글의 특성

🖍 한글 자음자의 규칙에 따라 보기와 같이 빈칸에 알맞은 낱말을 넣어 보세요.

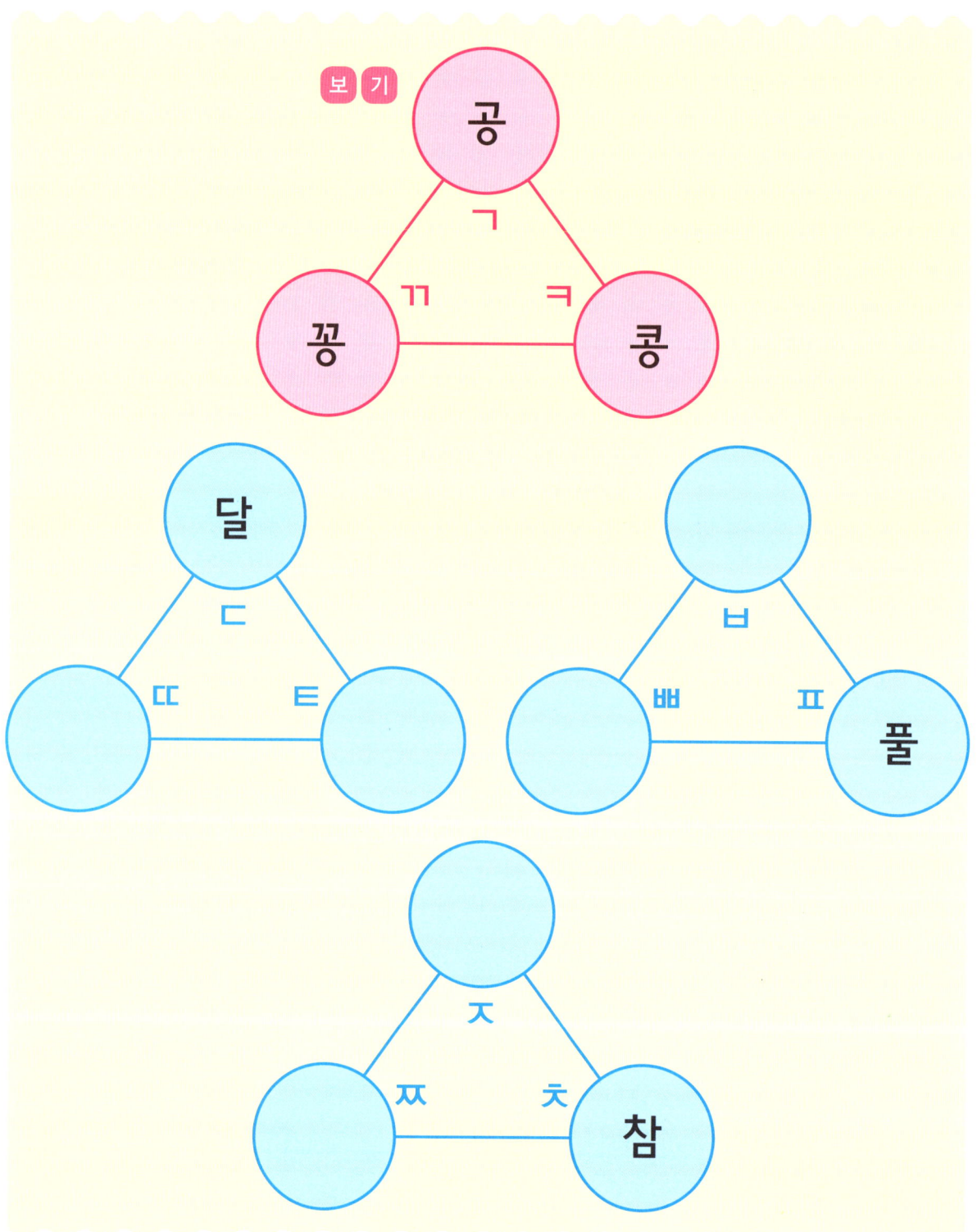

낱말의 성질 6　　형태 바꾸기

🖊 아래 글을 잘 읽고, 낱말의 형태를 바꾸어 보세요.

'슬프다', '자다', '알다'와 같은 낱말에서 형태가 바뀌지 않는 부분 '슬프', '자', '알'에 받침 'ㅁ'을 붙여서 다른 형태로 사용할 수 있습니다. 이때 '알다'와 같이 'ㄹ'받침이 있는 낱말은 '앎'처럼 받침에 'ㄻ'이 있는 형태로 바꿔야 합니다.

　　　슬프 + ㅁ → 슬픔　　　　　살 + ㅁ → 삶

자다	→	
꾸다	→	
배우다	→	
추다	→	
살다	→	
알다	→	

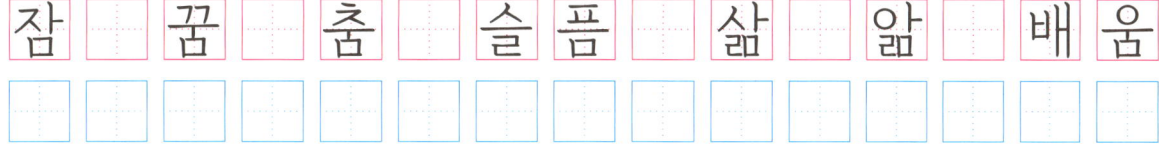

문장의 짜임 1

주어와 서술어

◆ 아래 문장을 '(누가/무엇이) + (어찌하다/어떠하다)'로 나누고, 예쁘게 따라 써 보세요.

> 문장은 '누가 + 어찌하다', '누가 + 어떠하다', '무엇이 + 어찌하다', '무엇이 + 어떠하다'와 같은 짜임으로 나눌 수 있어요.

날씨가 따뜻합니다.
- 날씨가
-

영수가 피아노를 칩니다.

우리 반 친구들이 운동장에서 축구를 합니다.

침팬지도 죽음을 슬퍼합니다.

침팬지도 죽음을 슬퍼합니다.

어려운 낱말 14

사다리타기_어려운 낱말

◆ 사다리를 따라가 어려운 낱말과 뜻을 연결하고, 예쁘게 따라 써 보세요.

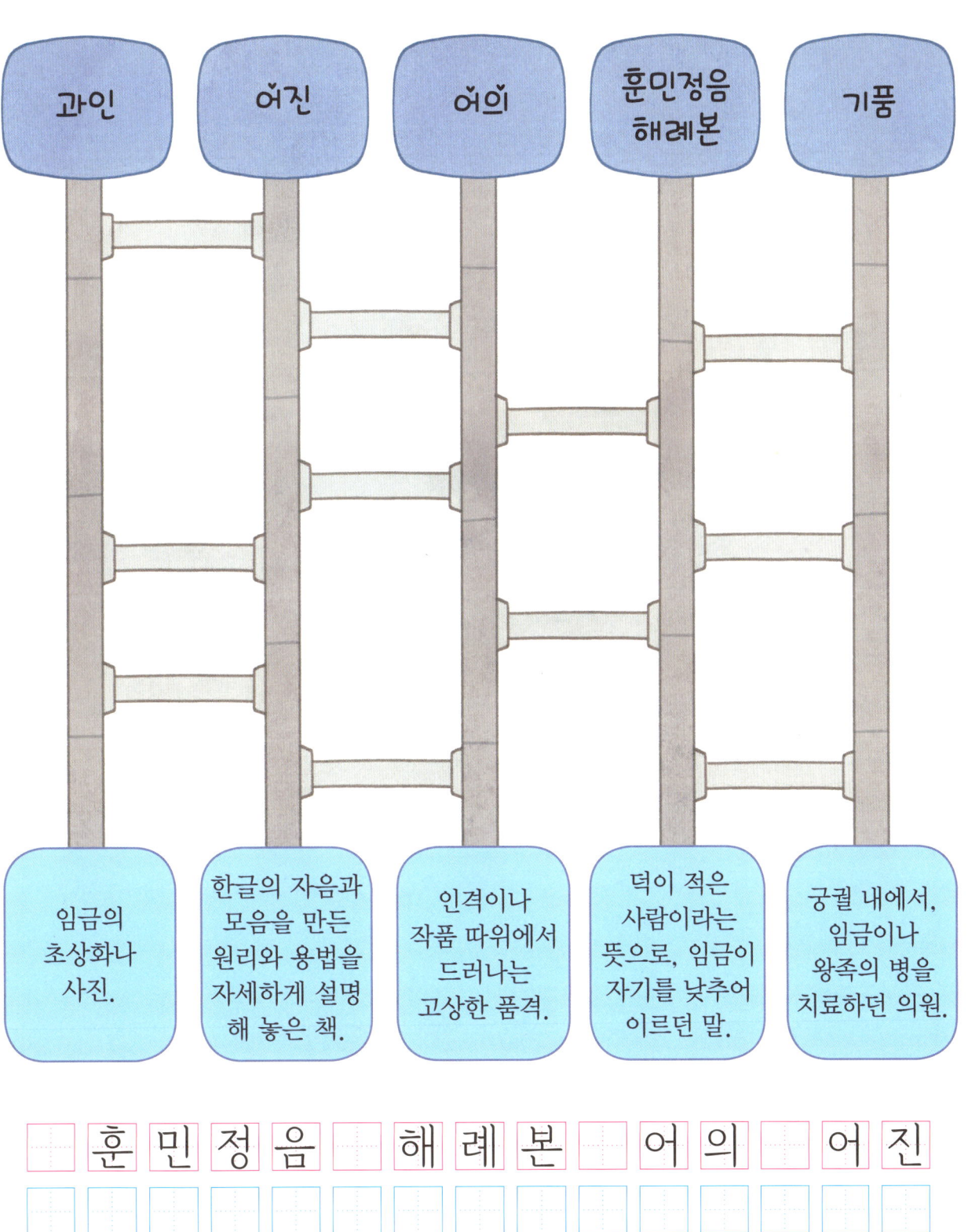

훈민정음 해례본 어의 어진

훈민정음 3
발음 기관과 글자

✏️ 문자의 형태와 관계있는 발음 기관의 모양을 찾아 선으로 이어 보세요.

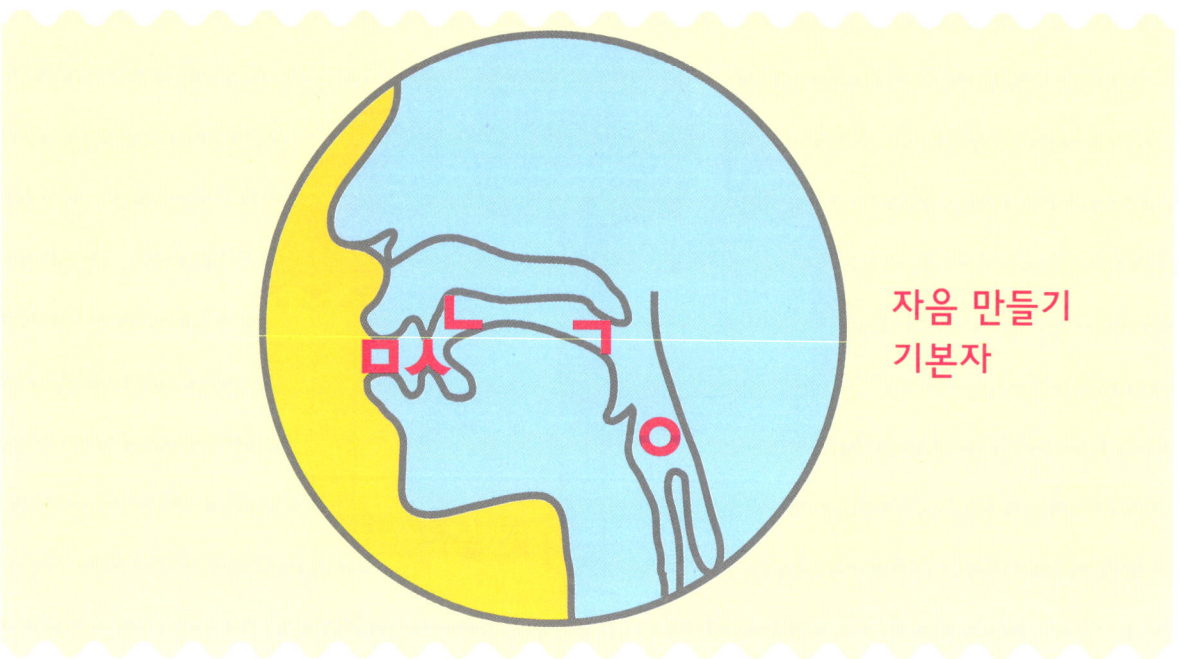

자음 만들기 기본자

ㄱ	•	•	혀뿌리가 목구멍을 막는 모양
ㄴ	•	•	입 모양
ㅁ	•	•	혀가 윗잇몸에 닿는 모양
ㅅ	•	•	목구멍의 모양
ㅇ	•	•	이 모양

바른 맞춤법 9 −로서, −로써

✎ ( ) 안의 낱말 가운데 바른 표기를 고르고, 예쁘게 따라 써 보세요.

> '−(으)로서'는 지위나 신분 또는 자격을 나타낼 때 쓰고,
> '−(으)로써'는 어떤 일의 수단이나 도구를 나타낼 때 써요.
> 학급 회장으로서 : 지위, 신분   말과 글로써 : 수단, 도구

저는 학급 회장(으로써, 으로서) 우리 반을 위해 봉사하겠습니다.

우리는 책을 읽음(으로서, 으로써) 지혜를 얻을 수 있어요.

나는 대한민국 국민(으로서, 으로써) 당당히 살아갈 것입니다.

언니는 엄마 아빠의 딸(로서, 로써) 어버이날에 편지를 쓰자고 했다.

철희와 영수는 대화(로서, 로써) 서로의 오해를 풀었어요.

사람들은 농사를 시작함(으로써, 으로서) 한곳에 머물러 살게 되었어요.

바른 발음법 7 겹받침 발음

✏️ 바른 발음에 ○표를 하고, 크게 읽으며 예쁘게 따라 써 보세요.

'맑다'는 [막따]로 발음합니다.
겹받침 'ㄺ'이 자음자와 만나면 [ㄱ]만 소리가 납니다.

- 맑지   [막찌] ( )   [말찌] ( )
- 밝다   [박따] ( )   [발따] ( )
- 붉지   [불찌] ( )   [북찌] ( )
- 묽다   [묵따] ( )   [물따] ( )

'밝기도'는 [발끼도]로 발음합니다.
겹받침 'ㄺ' 다음에 자음자 'ㄱ'이 오면 겹받침 'ㄺ'은 [ㄹ]로 소리가 납니다.

- 묽고   [물꼬]   ( )   [묵꼬]   ( )
- 맑기도 하다 [막끼도 하다] ( )   [말끼도 하다] ( )
- 밝기도 하다 [박끼도 하다] ( )   [발끼도 하다] ( )
- 붉고   [북꼬]   ( )   [불꼬]   ( )

밝 다 붉 지 묽 다 묽 고 붉 고

맑 기 도 하 다 밝 기 도 하 다

어려운 낱말 15 — 어려운 낱말 쓰기

보기의 글을 잘 읽고 알맞은 말을 ( ) 안에 쓰고, 예쁘게 따라 써 보세요.

보기

- **비색** : 고려청자의 빛깔과 같은 푸른색.
- **풍파** : 세상살이의 어려움이나 고통.
- **궁상맞다** : 꾀죄죄하고 초라하다.
- **마름질하다** : 옷감이나 재목 따위를 치수에 맞게 재거나 자르다.
- **주발** : 놋쇠로 만든 밥그릇. 위가 약간 벌어지고 뚜껑이 있다.
- **부뚜막** : 아궁이 위에 솥이 걸린 언저리.

할머니는 끼니때가 되면 냄비를 (　　　　)에 올려놓았지.

놋쇠로 만든 (　　　　)에 밥과 국을 담아 제사상에 올립니다.

한복을 지으려고 옷감을 (　　　　).

할아버지는 할아버지 옷을 입은 할머니에게 (　　　　)면서 새 옷을 사 주셨어요.

고려청자의 (　　　　)을 바라보며 넋을 잃었어요.

노인은 (　　　　)에 찌든 얼굴이 궁상맞아 보였어요.

| 주 | 발 | | 궁 | 상 | 맞 | 다 | | 마 | 름 | 질 | 하 | 다 | | |

대화 예절 I 사다리타기_회의 예절

✏. 사다리를 따라가 회의할 때 지켜야 할 예절을 빈칸에 쓰세요.

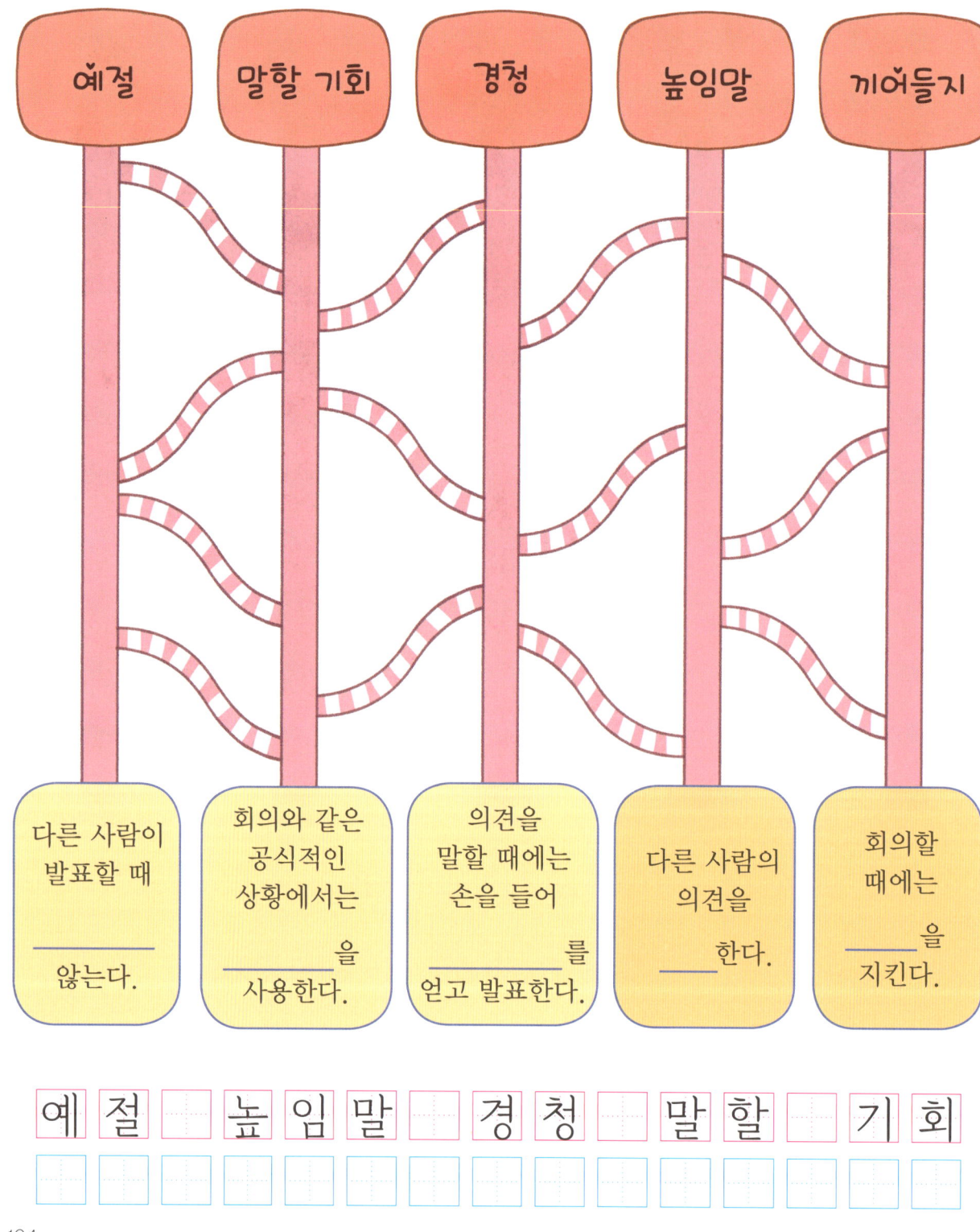

| 예절 | 높임말 | 경청 | 말할 기회 |

대화 예절 2 사다리타기_온라인 대화

✏️ 사다리를 따라가 온라인 대화를 할 때 지켜야 할 예절을 빈칸에 쓰세요.

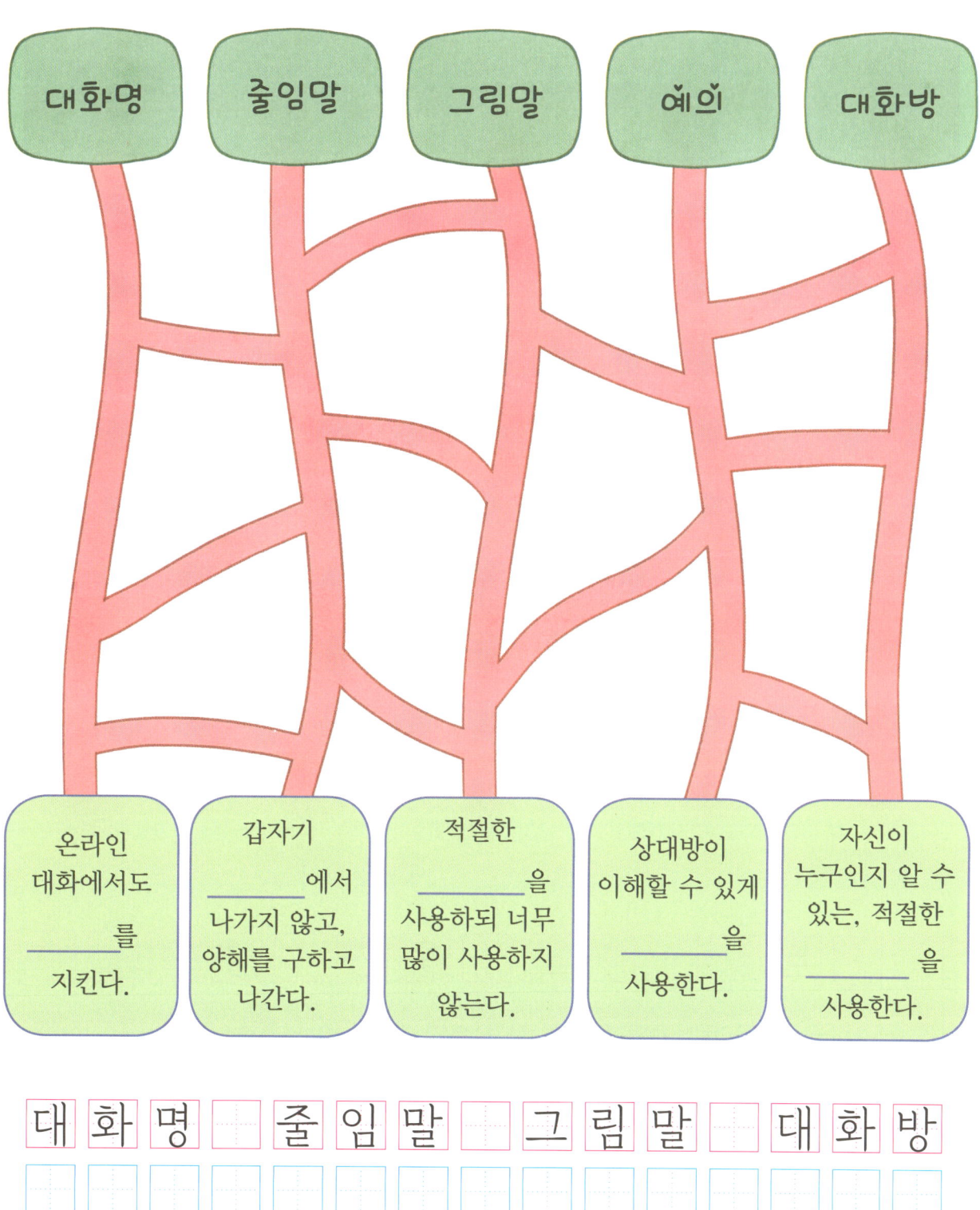

문장의 짜임 2

짜임에 맞게 나누기

✏️ 아래 문장을 문장의 짜임에 맞게 나눠 보세요.

'누가/무엇이+어찌하다'에서 '어찌하다'는 '달리다, 먹는다'와 같이 움직임을 나타내요.
'누가/무엇이+어떠하다'에서 '어떠하다'는 '빨갛다, 둥글다'와 같이 성질이나 상태를 나타내요.

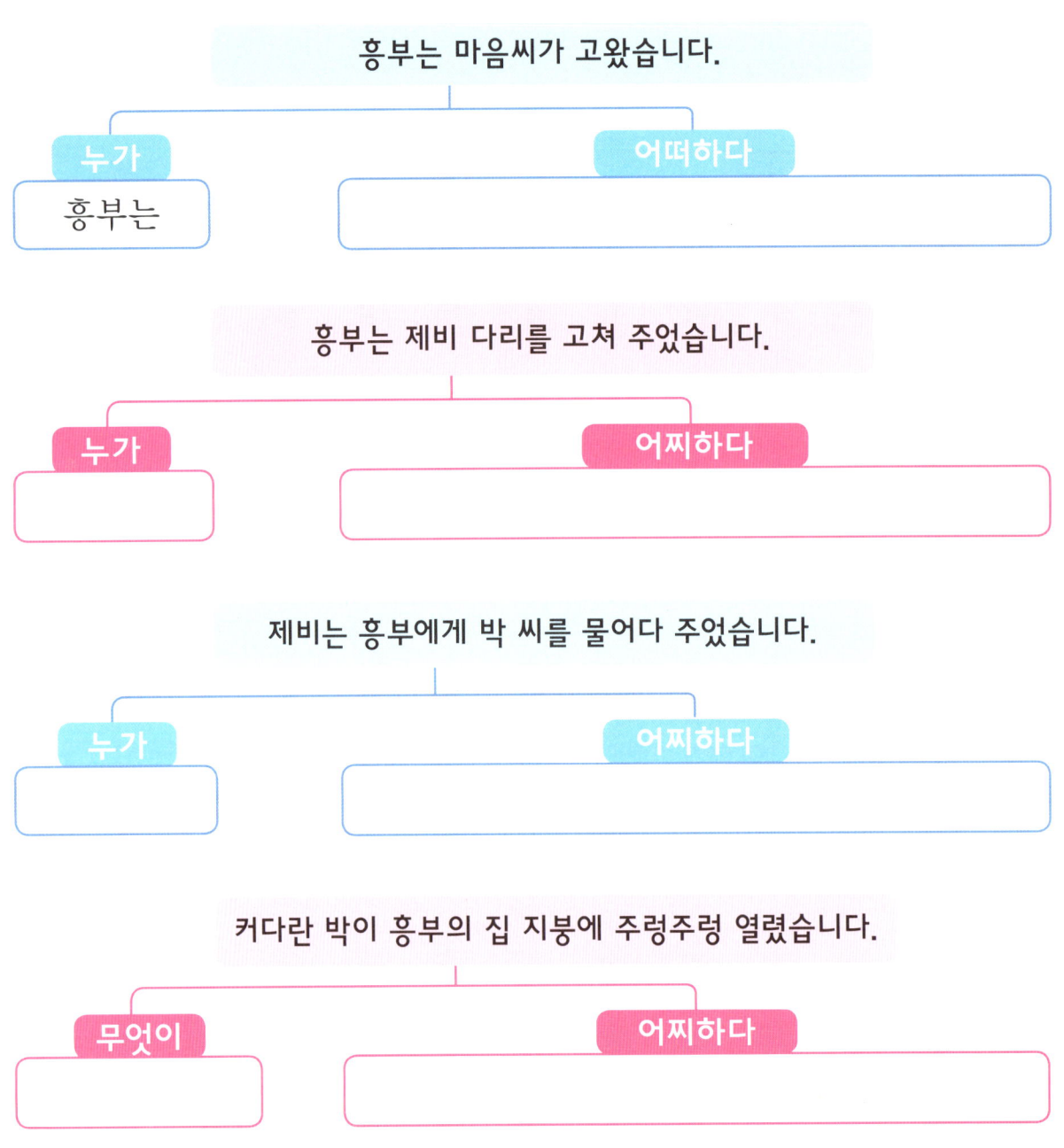

문장의 짜임 3 — 짜임에 맞게 완성하기

아래 문장을 문장의 짜임에 맞게 나눠 보세요.

무엇이다 : 학생이다, 친구이다 등 이름을 나타내는 말에 '-이다'를 붙여요.
어떠하다 : 예쁘다, 착하다, 빨갛다, 동그랗다 등 성질이나 상태를 나타내요.
어찌하다 : 타다, 가다, 먹다, 움직이다, 공부하다 등 움직임을 나타내요.

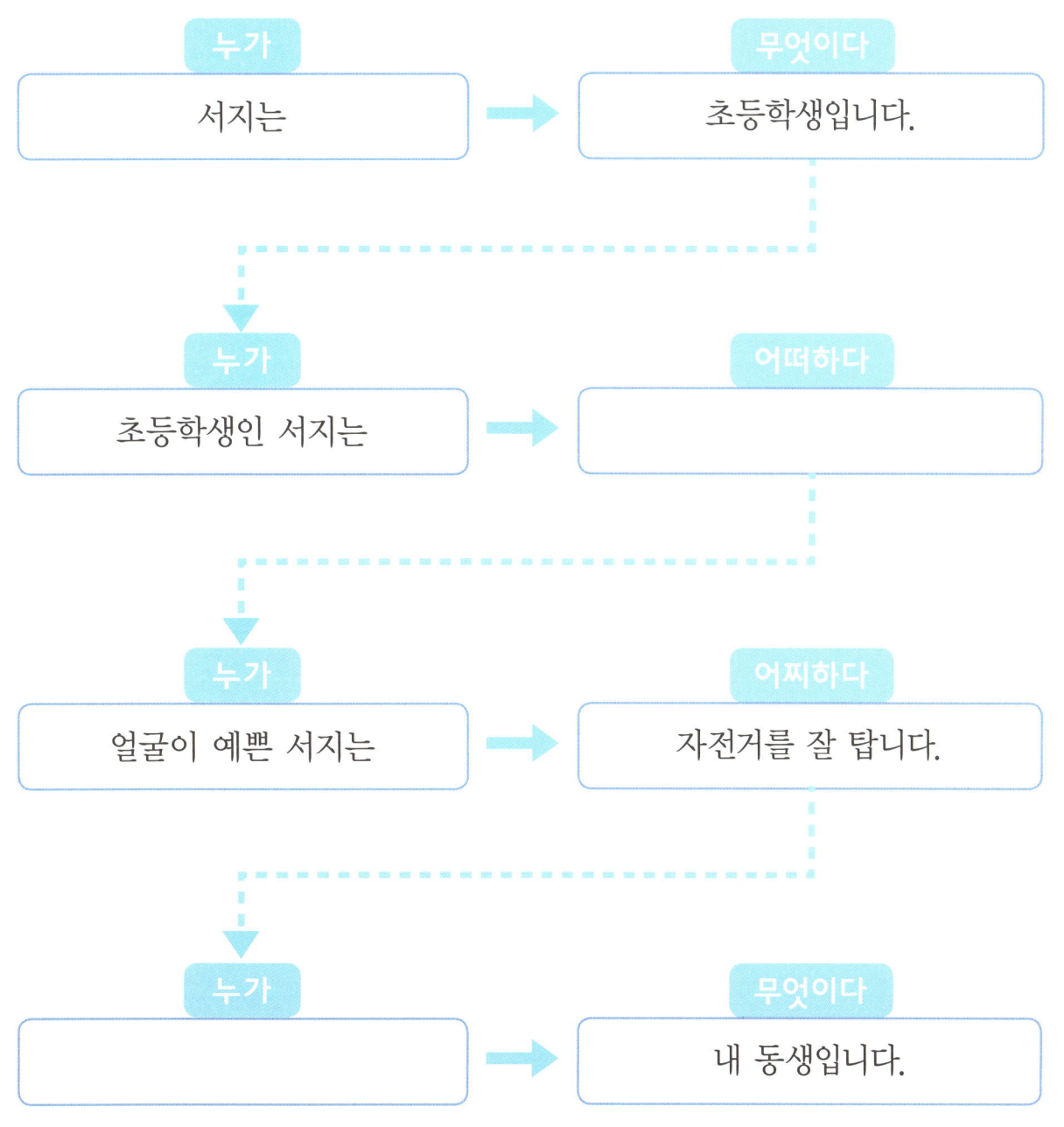

어려운 낱말 16

어려운 낱말 쓰기

✏️ ( ) 안에 알맞은 낱말을 보기에서 골라 쓰고, 예쁘게 따라 써 보세요.

> **보기**
>
> 목홧값 : 목화의 값.
> 광 : 살림살이에 필요한 여러 가지 물건을 넣어 두는 곳.
> 산초 기름 : 산초나무 열매로 짠 기름.
> 천연기념물 : 법률로 특별히 보호하는 동식물, 특이 현상, 일정 구역.
> 댐 : 건설, 발전, 수리 등의 이유로 강이나 바다를 막아 만든 둑.
> 담당자 : 어떤 일을 맡아서 하는 사람.

목화 장수들이 목화를 사서 (   )에 보관했다가 값이 오르면 팔았다.

쥐 잡는 고양이가 다리를 다치자, 한 목화 장수가 (   )을 발라 주었다.

산초 기름에 불이 붙어 광이 탔으니, (   )은 누가 물어야 하나?

댐 건설 기관 (   ) 분들은 홍수를 막으려면 우리 마을에 댐을 건설해야 한다고 하셨습니다.

저는 우리 마을에 (   )을 건설하는 것에 반대합니다.

우리 마을 숲에는 (   )인 황조롱이, 까막딱따구리, 하늘다람쥐 등이 삽니다.

문장의 짜임 4 — 문장의 짜임에 맞게 속담 나누기

✏️ **보기**의 속담을 문장의 짜임에 맞게 나눠 보세요.

> **보기**
> 등잔 밑이 어둡다 바늘 도둑이 소도둑 된다
> 발 없는 말이 천 리 간다 빈 수레가 요란하다

실속 없는 사람이 겉으로 더 떠들어 댐을 비유하여 이르는 말

누가/무엇이	어떠하다/어찌하다/무엇이다
빈 수레가	

작은 나쁜 짓도 자꾸 하면 큰 죄를 저지르게 됨을 뜻하는 말

누가/무엇이	어떠하다/어찌하다/무엇이다

말은 비록 발이 없지만, 소문이 순식간에 퍼진다는 뜻으로, 말을 삼가야 함을 비유하여 이르는 말

누가/무엇이	어떠하다/어찌하다/무엇이다

의외로 가까운 곳에 대해 무지함을 뜻하는 말

누가/무엇이	어떠하다/어찌하다/무엇이다

문장의 짜임 5 짜임에 맞게 구분하기

✏️ 보기 처럼 문장의 짜임에 맞게 ○와 □로 표시하고, 따라 써 보세요.

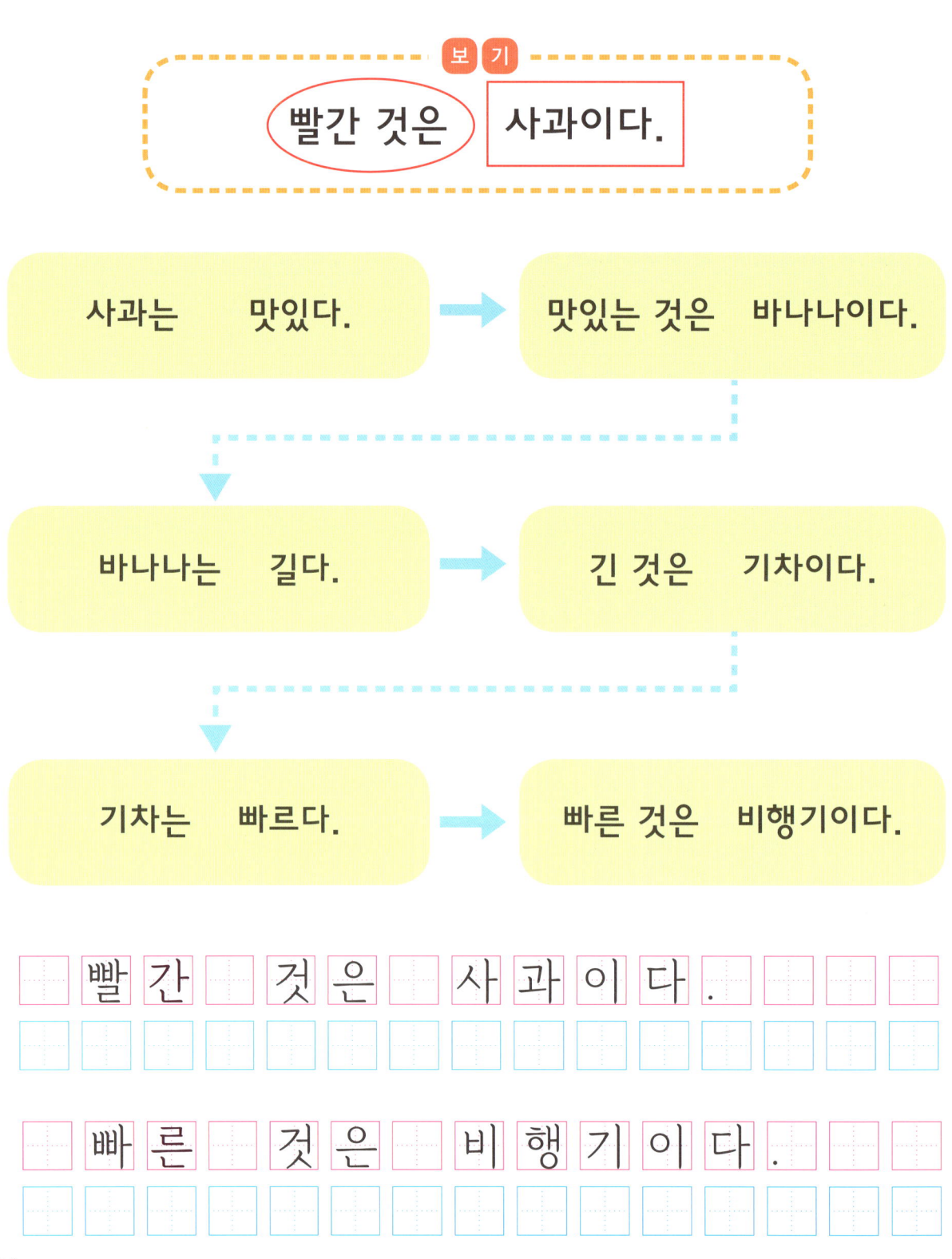

어려운 낱말 17
어려운 낱말 익히기

✏️ ( ) 안에 알맞은 낱말을 보기 에서 골라 쓰고, 예쁘게 따라 써 보세요.

보기

무슬림 : 이슬람교를 믿는 사람.
수법 : 수단과 방법을 아울러 이르는 말.
부아 : 노엽거나 분한 마음.
이제껏 : 여태껏.
켕기다 : 마음속으로 겁이 나고 탈이 날까 불안해하다.
홧홧하다 : 달듯이 뜨거운 기운이 일다.

이곳은 이슬람교를 믿는 (   )만 들어갈 수 있습니다.

그 소리에 서진이는 마음이 (   ).

내일이 개학인데 지금 숙제를 하니? (   ) 뭐 했니?

엄마가 동생만 예뻐하자, 나는 (   )가 났다.

입이 바싹 타고, 목 뒷덜미도 (   ).

| 무슬림 | 부아 | 수법 | 이제껏 |

| 켕기다 | 홧홧했다 | | |

어려운 낱말 18 — 어려운 낱말 쓰기

◆ 알맞은 말을 보기 에서 골라 ( ) 안에 쓰고, 따라도 써 보세요.

> **보기**
>
> **즉위식** : 임금 자리에 오르는 것을 알리기 위하여 치르는 의식.
> **조아리다** : 이마가 바닥에 닿을 정도로 머리를 자꾸 숙이다.
> **유배** : 죄인을 먼 시골이나 섬에 보내 일정 기간 살게 하는 벌.
> **정적** : 정치에서 대립되는 처지에 있는 사람.
> **간신배** : 간사한 신하의 무리.
> **편찬하다** : 여러 자료를 모아 책을 펴내다.

궁궐에서 성대한 ( )이 열렸다.

신하들이 보좌에 앉은 임금님께 머리를 ( ).

"( ) 가 있는 내 스승, 유희춘을 불러 오너라!"

유희춘은 명종 대에 ( )들에 맞서 뜻을 굽히지 않았다.

( )들은 유희춘을 모함하여 제주도에 유배를 가게 했다.

"소신에게 시간을 주신다면 책을 새로 ( ) 싶습니다."

간신배 유배 정적 조아리다

즉위식 편찬하다.

낱말의 관계 7   유의어

✏️ 낱말 사이의 관계에 맞게 알맞은 낱말을 보기에서 찾아 쓰고, 예쁘게 따라 써 보세요.

보기
얼큰하다　가꾸다　무덥다　후텁지근하다
달콤하다　매콤하다　보살피다　달착지근하다

| 맵다 | = | 얼큰하다 | = | 매콤하다 |

| 키우다 | = | 가꾸다 | = | 보살피다 |

| 덥다 | = | 무덥다 | = | 후텁지근하다 |

| 달다 | = | 달콤하다 | = | 달착지근하다 |

맵 다　얼 큰 하 다　매 콤 하 다

키 우 다　가 꾸 다　보 살 피 다

표준어와 방언 Ⅰ — 표준어와 방언 알기

✏️ 방언에 알맞은 표준어를 바르게 잇고, 예쁘게 따라 써 보세요.

방언		표준어
올갱이	• — •	다슬기
부치기	• — •	할머니
할매	• — •	부침개
오마니	• — •	어머니
강생이	• — •	콩나물
콩주름	• — •	강아지

어머니 오마니 할머니 할매

강아지 강생이 콩나물 콩주름

어려운 낱말 19

어려운 낱말 익히기

📝 낱말 뜻에 알맞게 잇고, 예쁘게 따라 써 보세요.

양민 •	• 조선 시대에 지방에 파견했던 행정 관리.
여의다 •	• 신분제 사회에서 지배 계급이 아닌 일반인을 뜻하는 말.
목사 •	• 부모나 사랑하는 사람이 죽어서 이별하다.
기안 •	• 임금의 얼굴을 높여 이르는 말.
포구 •	• 관아에서 기생의 이름을 기록해 두던 책.
용안 •	• 배가 드나드는 개(강이나 내에 바닷물이 드나드는 곳)의 어귀.

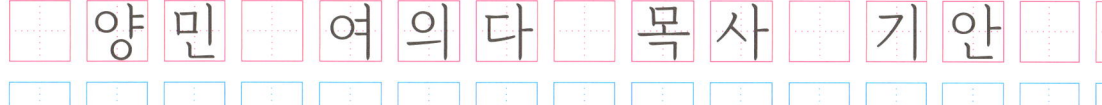

어려운 낱말 20 사다리타기_어려운 낱말

🖍 사다리를 따라가 어려운 낱말과 뜻을 연결하고, 예쁘게 따라 써 보세요.

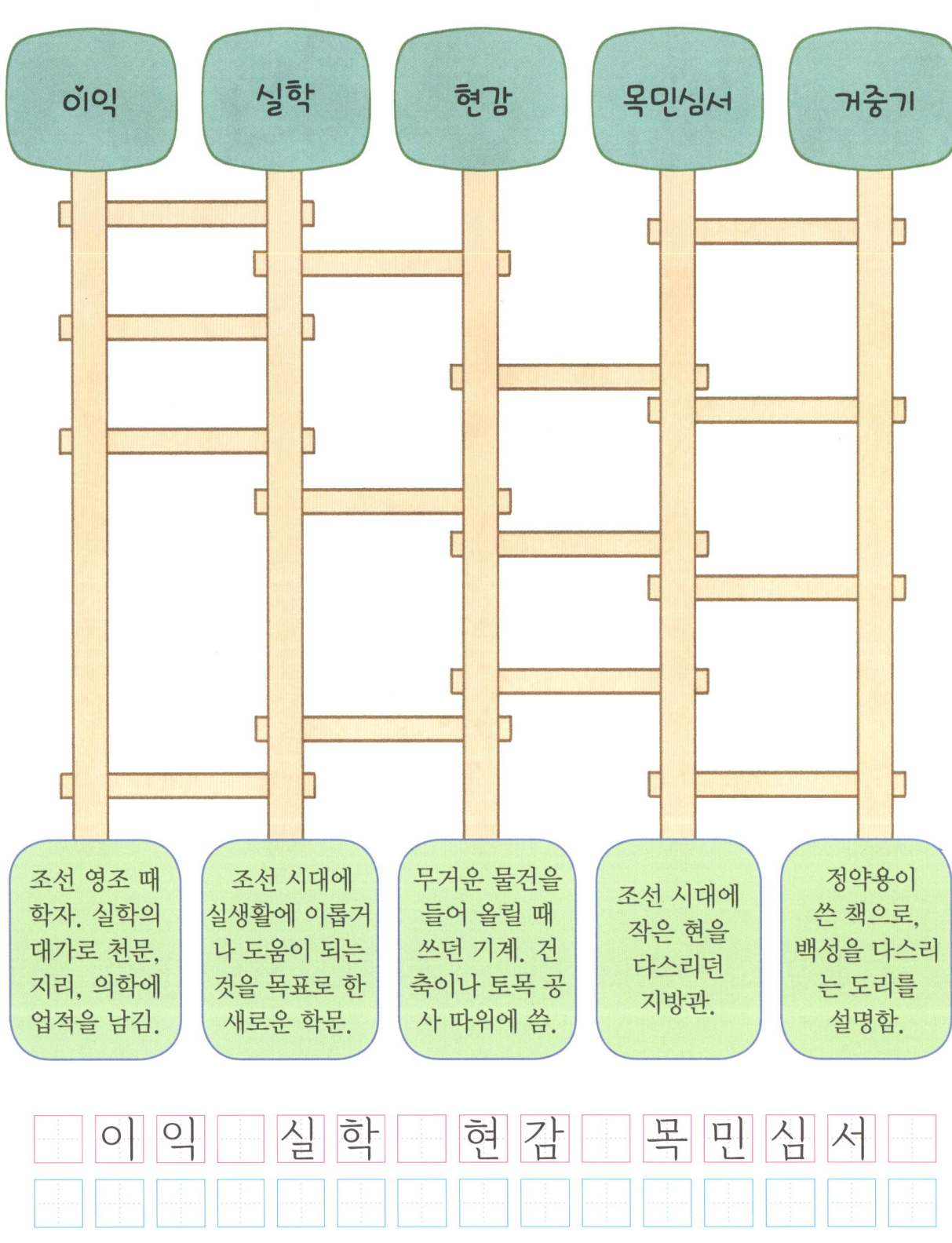

표준어와 방언 2   표준어와 방언 알기

✏️ **보기**의 낱말을 알맞은 곳에 넣고, 예쁘게 따라 써 보세요.

보기
할마이 할머이 할배
하르방 할아버지

함경도
할아바이, _____

강원도
할버이, _____

표준어
_____, 할머니

경상도
_____, 할매

전라도
할압시, 할매

제주도
_____, 할망

할아버지 할압시 하르방 할배

할머니 할매 할망 할머이

표준어와 방언 3
표준어와 방언 알기

◆ 방언에 알맞은 표준어를 잇고, 예쁘게 따라 써 보세요.

방언	표준어
등어리	고깔
가생이	가장자리
꼬깔	등
남구	나무
겁나게	옥수수
옥수꾸	매우

가장자리 가생이 등 등어리

고깔 꼬깔 나무 남구

바른 띄어쓰기 8   만큼, 뿐, 대로

◆ ( ) 안의 낱말 가운데 바른 표기를 고르고, 예쁘게 따라 써 보세요.

'만큼' '대로' '뿐'은 '하늘만큼', '나대로', '너뿐'처럼 앞에 오는 다른 낱말과 붙여 써요. 단 '예쁜 만큼', '하던 대로', '좋을 뿐'처럼 'ㅡㄴ/ㅡㄹ'로 끝나는 말 뒤에서는 띄어 써요.

나도 (너 만큼, 너만큼) 아이스크림을 좋아해.

나는 (나 대로, 나대로) 기분이 상했다.

우리 (마을 뿐, 마을뿐) 아니라 이웃 마을에도 소식이 전해졌다.

강아지는 (먹을만큼, 먹을 만큼) 먹었는지, 밥그릇을 밀어 놓았다.

철희는 늘 (가던대로, 가던 대로) 학교에서 집으로 가고 있었다.

나는 그 가수를 사진으로만 (보았을 뿐, 보았을뿐) 직접 본 것은 처음이었다.

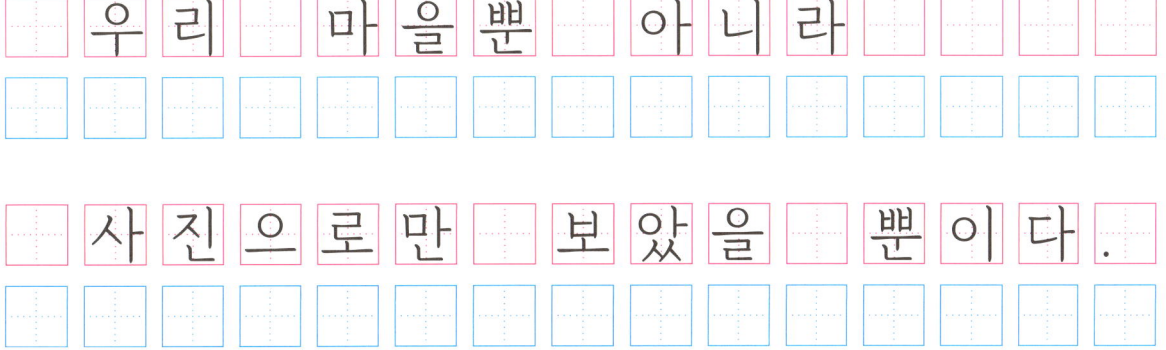

어려운 낱말 21   어려운 낱말 익히기

✏️ 낱말 뜻에 알맞게 잇고, 예쁘게 따라 써 보세요.

성현	지혜와 덕이 뛰어나 길이 우러러 본받을 만한 사람과 어질고 총명한 사람.
서안	관심을 가지고 주의 깊게 살피는 시선을 받다.
주목받다	예전에 책을 얹던 책상을 이르는 말.
창작욕	새로운 예술 작품을 만들어 내려는 욕구.
출간하다	어떤 책이 매우 잘 팔림을 비유적으로 이르는 말.
낙양의 종잇값을 올리다	책이나 그림 따위를 인쇄하여 세상에 내놓다.

성현   서안   주목받다   창작욕

낙양의 종잇값을 올리다

전기문

전기문의 특성

✏️ 보기에 있는 전기문의 요소를 알맞은 곳에 쓰고, 예쁘게 따라 써 보세요.

보기
인물이 한 일   인물의 말   인물의 가치관   시대 상황

_____

- 조선 시대에는 양반과 양민에 대한 신분의 차별이 있었다.
- 1790년부터 제주도에 4년 동안 흉년이 들고, 이듬해 수확을 앞두고 태풍이 몰려와서 큰 피해를 입었다.

_____

- 김만덕은 제주도에 흉년이 들어 사람들이 굶어 죽을 위기에 처했을 때, 전 재산을 들여 곡식을 오백여 석 사서 백성들에게 나누어 주었다.

_____

- "풍년에는 흉년을 생각하여 더욱 절약해야 돼. 그리고 편안히 사는 사람은 어렵게 사는 사람을 생각하여 하늘의 은혜에 감사하며 검소하게 살아야 하고……."

_____

- 김만덕은 자신만 풍요롭게 살기보다는 자신이 가진 것을 사람들과 나누며 살아야 한다고 생각했다.

"풍년에는 흉년을 생각하여 ✓
더욱 절약해야 돼."

어려운 낱말 22

사다리타기_어려운 낱말

사다리를 따라가 어려운 낱말과 뜻을 연결하고, 예쁘게 따라 써 보세요.

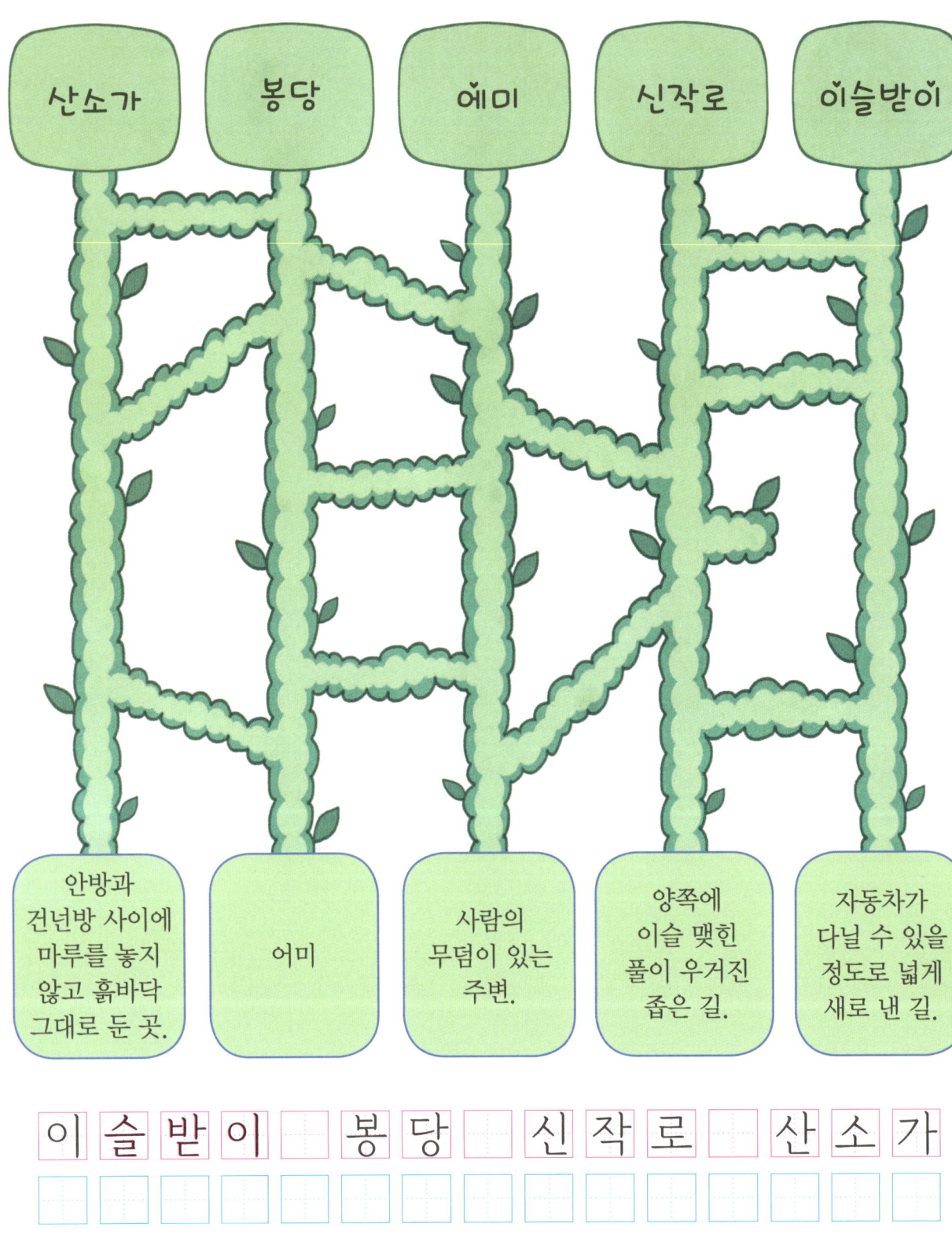

독서 감상문

독서 감상문에 들어갈 내용

✏️ 독서 감상문에 들어갈 내용을 알맞게 잇고, 예쁘게 따라 써 보세요.

책을 읽고 나니 욕심을 부리지 말아야겠다는 생각이 들었습니다.	책을 읽고 생각하거나 느낀 점
책 표지의 도깨비 표정이 재미있어서 책을 골랐습니다.	책을 읽은 동기
투발루 섬을 떠나는 로자의 슬픈 마음이 안타깝게 느껴져서, 위로하는 편지를 전하고 싶었습니다.	책 내용
혹부리 할아버지는 도깨비 앞에서 노래를 불렀습니다.	책을 읽고 생각하거나 느낀 점

　책을 읽은 동기 책 내용

　책을 읽고 느낀 점

의견과 뒷받침 내용
뒷받침 내용 평가하기

✏️ 의견과 뒷받침 내용, 그리고 그에 대한 평가를 알맞게 잇고, 예쁘게 따라 써 보세요.

의견과 뒷받침 내용	평가
바람직한 독서 방법은 도서관의 편의 시설을 늘리는 것입니다. 체육관이 생기면 운동을 열심히 할 수 있기 때문입니다.	의견과 뒷받침 내용이 관련이 있다.
바람직한 독서 방법은 여러 분야의 책을 읽는 것입니다. 여러 분야의 책을 읽고 배경 지식이 풍부해지면, 공부에 도움이 됩니다.	의견과 뒷받침 내용이 관련이 없다.
바람직한 독서 방법은 자신이 좋아하는 책만 읽는 것입니다. 좋아하는 책만 읽으면 책을 많이 읽을 필요가 없습니다.	뒷받침 내용이 믿을 만하지 않다.
바람직한 독서 방법은 여러 분야의 책을 읽는 것입니다. 제가 여러 분야의 책을 읽었을 때는 시력이 좋아졌는데, 한 분야의 책만 읽었을 때는 시력이 나빠졌습니다.	글쓴이의 의견이 문제 상황을 해결할 수 없다.

의견과 뒷받침 내용이 관련
이 있고, 믿을 만하다.

받아쓰기

◆ 불러 주는 말을 잘 듣고, 띄어쓰기와 맞춤법에 맞게 써 보세요.
＊135쪽에 있는 받아쓰기 해답 문장을 불러 주세요.

맞춤법 띄어쓰기 따라쓰기 정답

10쪽

11쪽
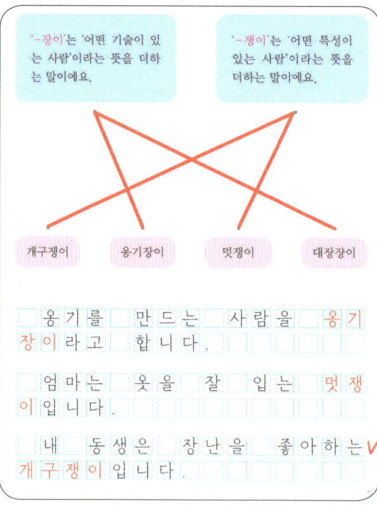

12쪽

13쪽

14쪽

※ '사과'가 아닌 다른 과일을 넣어도 됩니다.

15쪽
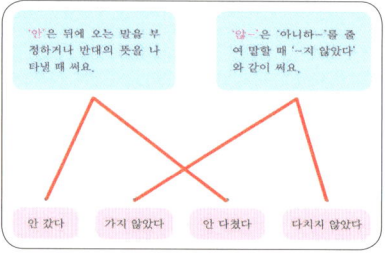

16쪽

17쪽

18쪽

19쪽

20쪽

21쪽

22쪽
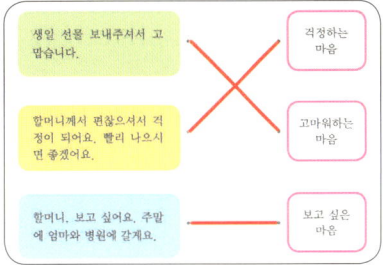

23쪽
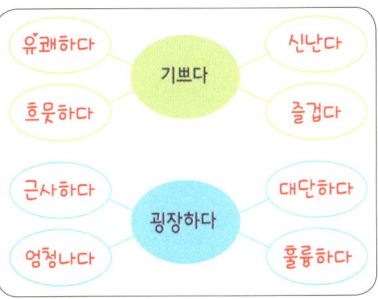

24쪽
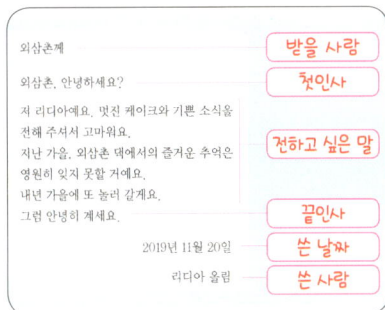

25쪽

26쪽

27쪽

28쪽
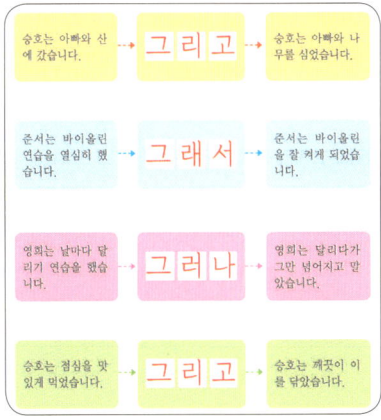

29쪽

30쪽

31쪽
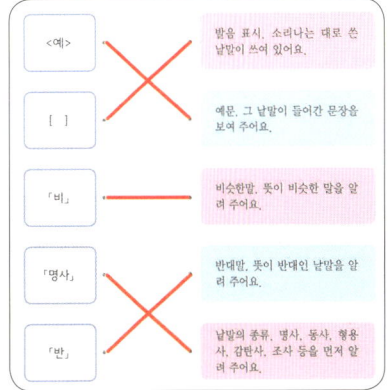

32쪽

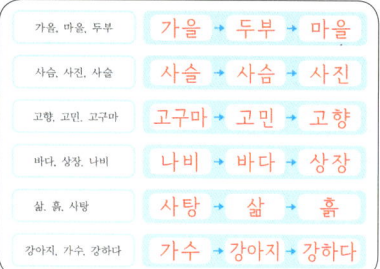

33쪽

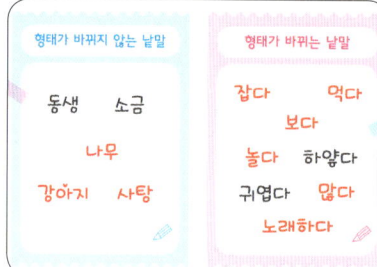

34쪽

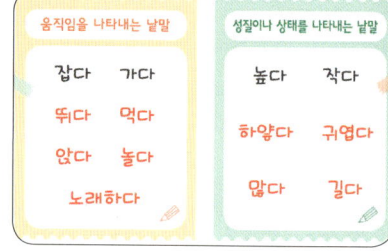

37쪽

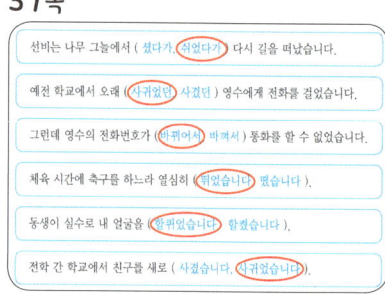

35쪽

36쪽

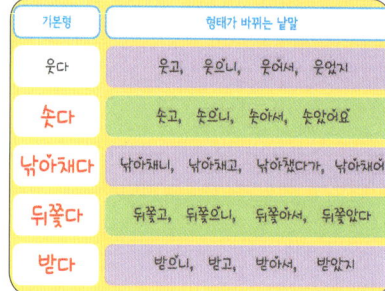

38쪽

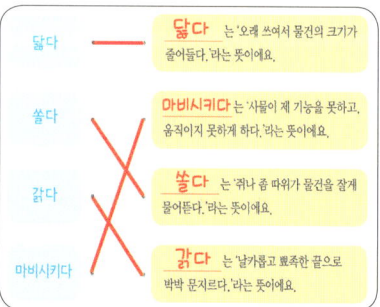

39쪽

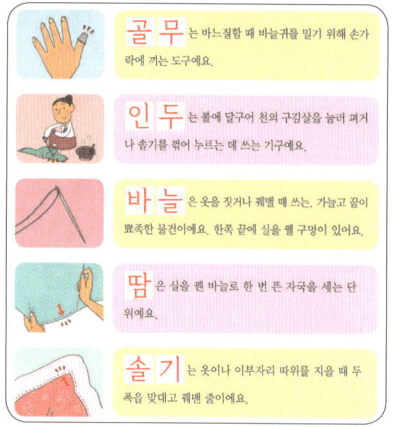

40쪽

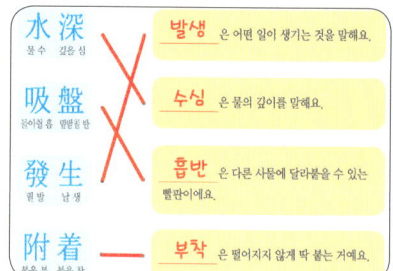

43쪽

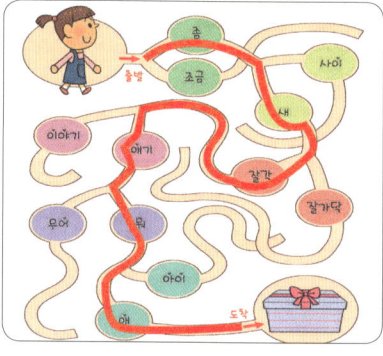

41쪽

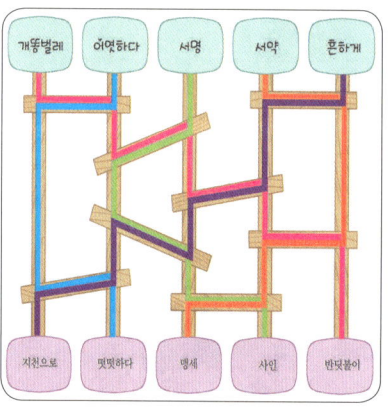...

42쪽

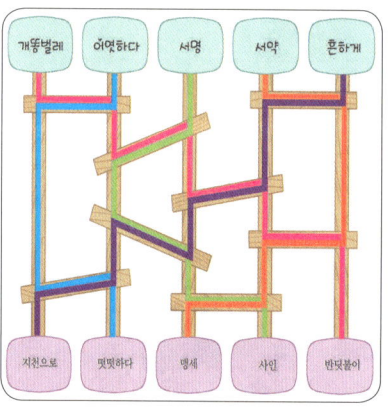

44쪽

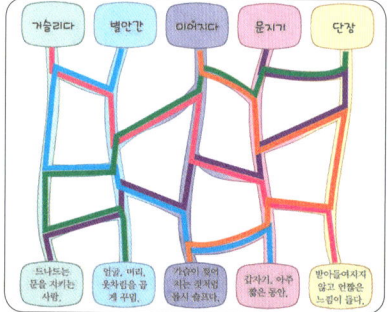

45쪽

46쪽

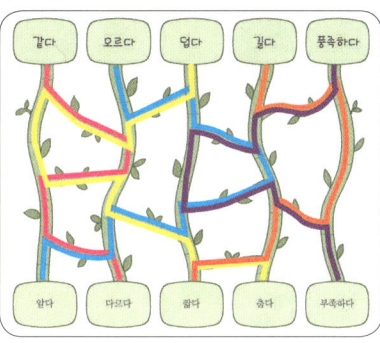

47쪽

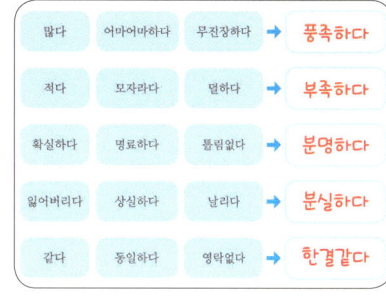

48쪽

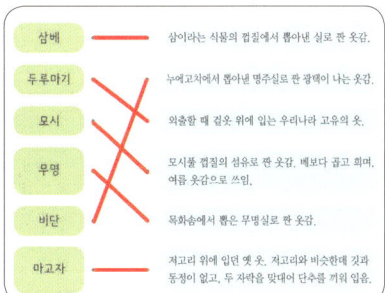

49쪽

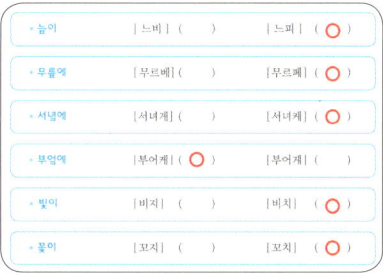

50쪽

51쪽

52쪽

53쪽

54쪽

55쪽

56쪽

57쪽

58쪽

59쪽
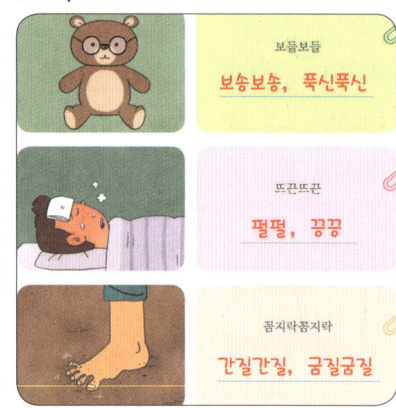

60쪽

61쪽
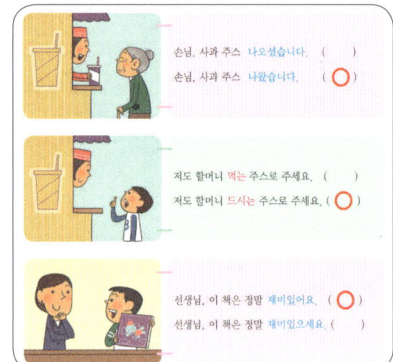

62쪽

63쪽
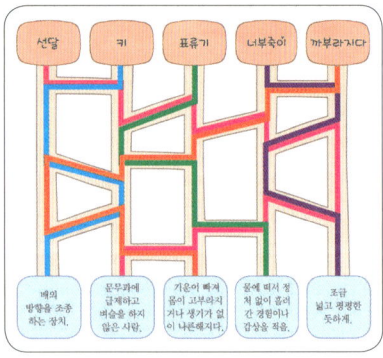

64쪽
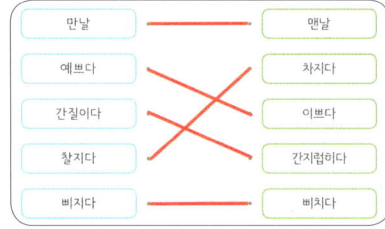

65쪽
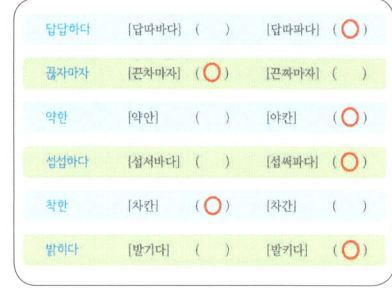

66쪽

67쪽
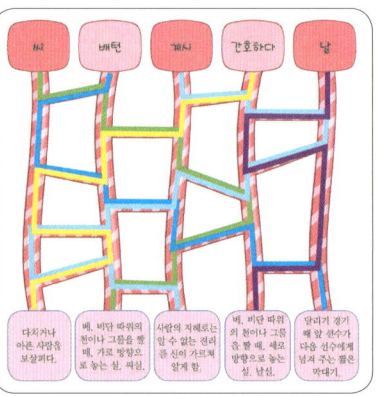

68쪽
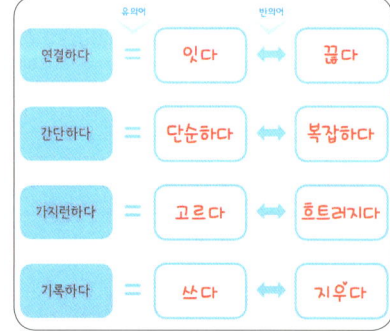

69쪽

70쪽

시간을 나타내는 말
오늘, 아침 일찍, 열 시

장소를 나타내는 말
학교, 직업 체험관, 소방서

시간을 나타내는 말
수업 시간 종이 친 뒤, 2교시, 점심시간

장소를 나타내는 말
교실, 운동장, 급식실

71쪽

첫 번째　두 번째　세 번째 ✓
네 번째　마지막
가장 먼저　그 다음　끝으로

72쪽 받아쓰기

1. 큰 바람이 한 번 불었어요.
2. 선달은 눈이 휘둥그레졌어요.
3. 돛대에 온몸을 끈으로 칭칭
4. 괴상망측한 기계가 가득했다.
5. 영롱이와 눈을 맞췄다.
6. 더러운 건 하얗게 덮어 주고
7. 나를 싫어한단 말이야?
8. 진짜 탐정 사무소예요?
9. 솥뚜껑을 거꾸로 덮고
10. 물을 끓여 나오는 김을 식혀

74쪽

75쪽

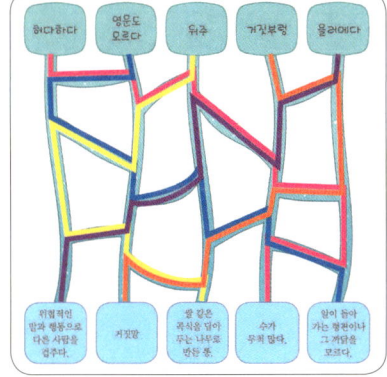

76쪽

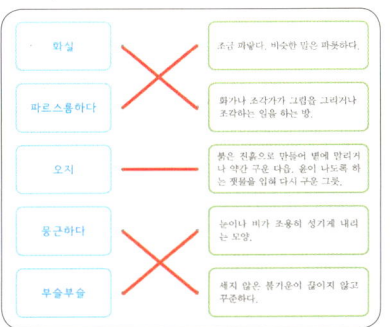

77쪽

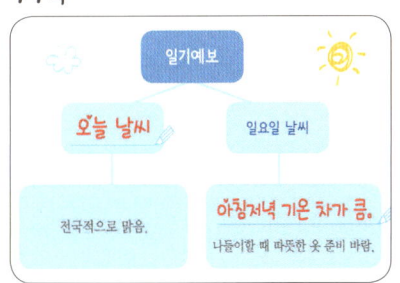

78쪽

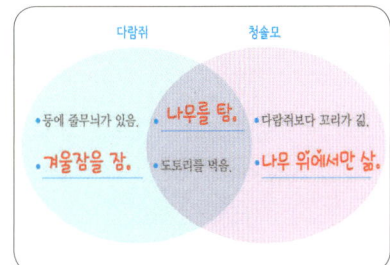

79쪽
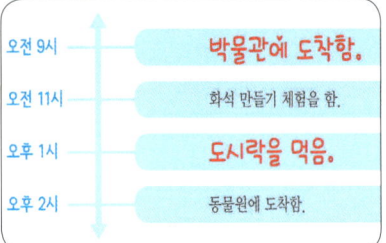

80쪽

81쪽
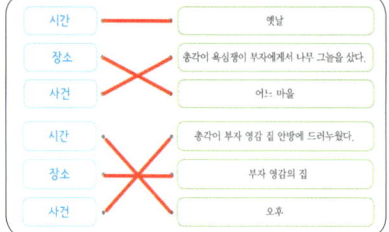

82쪽

83쪽
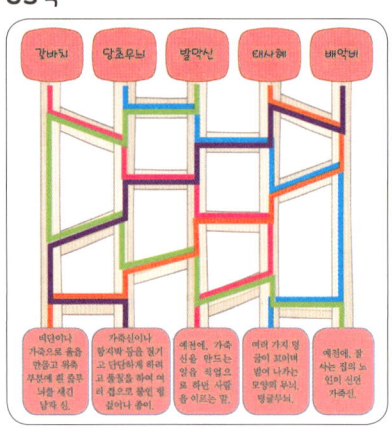

84쪽

85쪽

86쪽
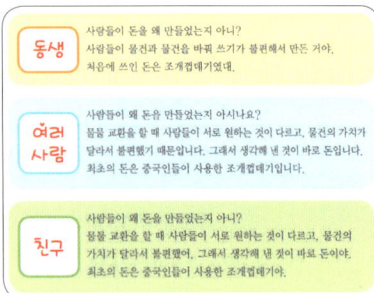

87쪽
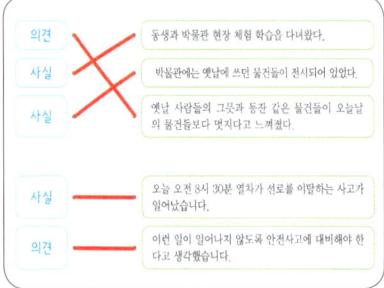

88쪽
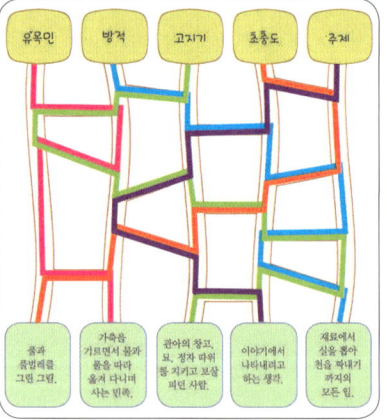

89쪽
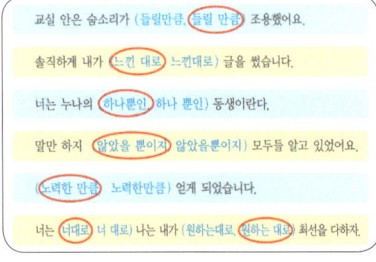

90쪽 / 91쪽
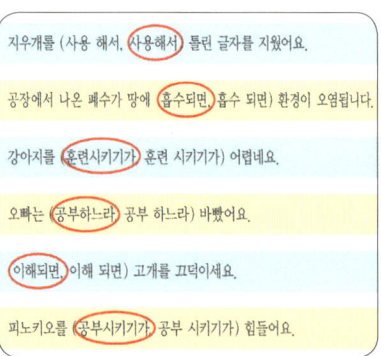

92쪽

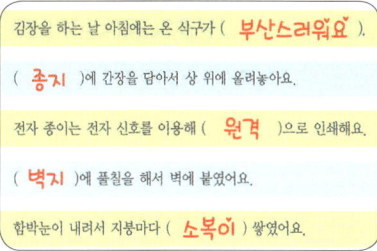

93쪽

낱말	형태가 바뀌지 않는 부분	형태가 바뀌는 부분	기본형
접없다	접	없다	접다
묻혀서	묻히	어서	묻히다
붙였으	붙이	었다	붙이다
그렸다	그리	었다	그리다
멋진	멋지	ㄴ	멋지다
완성되었다	완성되	었다	완성되다

94쪽

95쪽

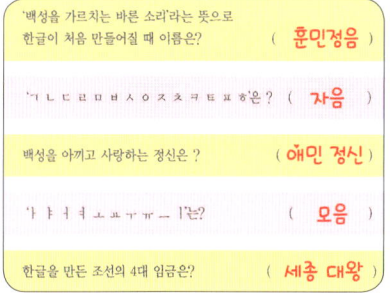

96쪽

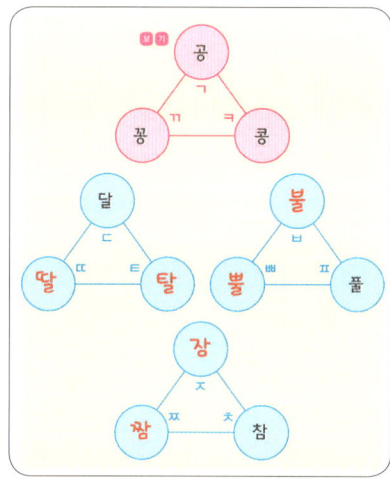

97쪽

98쪽

99쪽

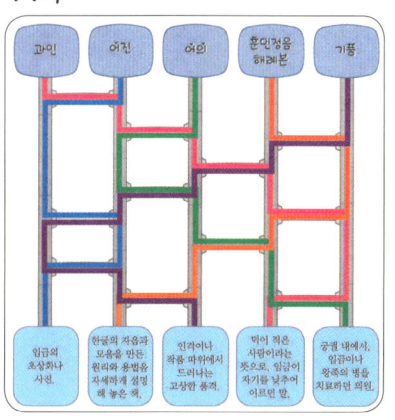

100쪽

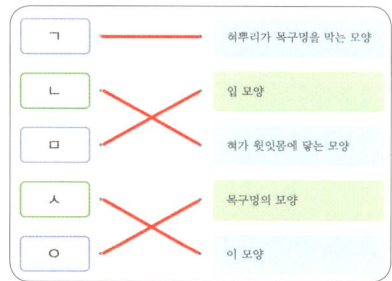

101쪽

저는 학급 회장(으로써, (으로서)) 우리 반을 위해 봉사하겠습니다.

우리는 책을 읽음(으로서, (으로써)) 지혜를 얻을 수 있어요.

나는 대한민국 국민((으로서), 으로써) 당당히 살아갈 것입니다.

언니는 엄마 아빠의 딸((로서), 로써) 어버이날에 편지를 쓰자고 했다.

철희와 영수는 대화(로서, (로써)) 서로의 오해를 풀었어요.

사람들은 농사를 시작함((으로써), 으로서) 한곳에 머물러 살게 되었어요.

102쪽

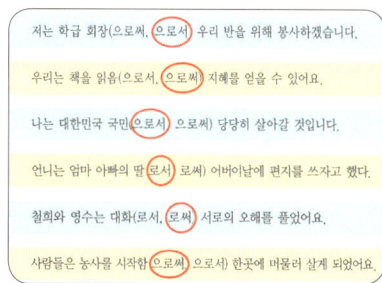

103쪽

할머니는 끼니때가 되면 냄비를 (부뚜막)에 올려놓았지.

놋쇠로 만든 (주발)에 밤과 국을 담아 제사상에 올립니다.

한복을 지으려고 옷감을 (마름질하다).

할아버지는 할아버지 옷을 입은 할머니에게 (궁상맞다)면서 새 옷을 사 주셨어요.

고려청자의 (비색)을 바라보며 넋을 잃었어요.

104쪽
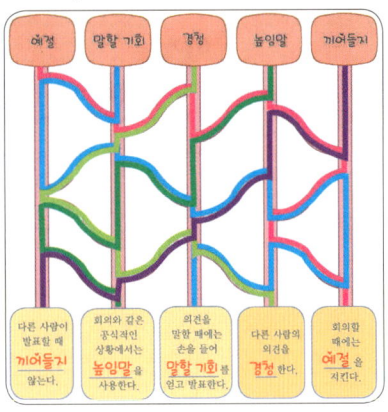

105쪽
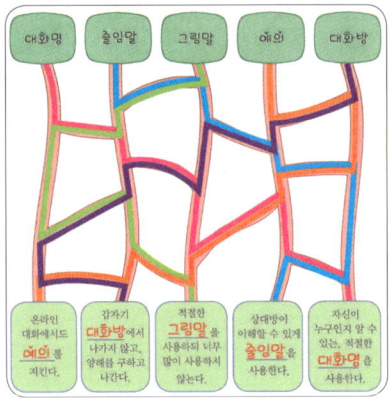

106쪽
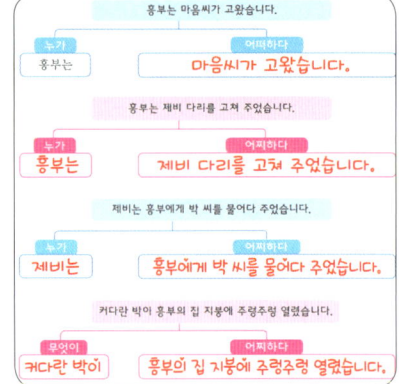

107쪽
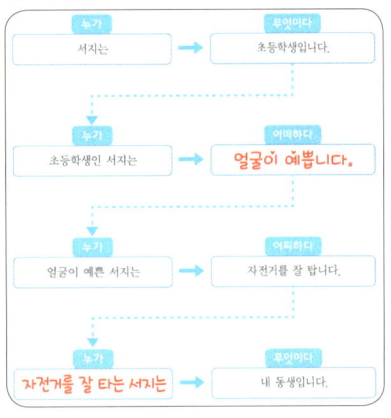

108쪽
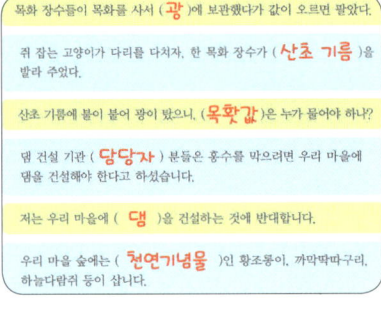

109쪽

110쪽
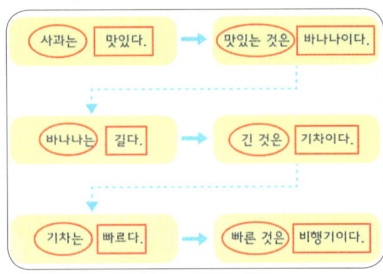

111쪽
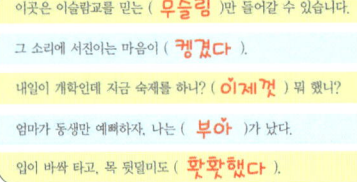

112쪽
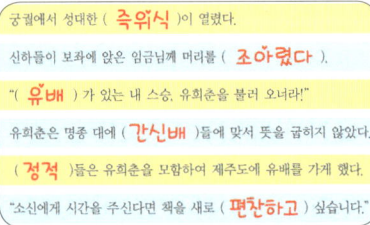

113쪽

114쪽
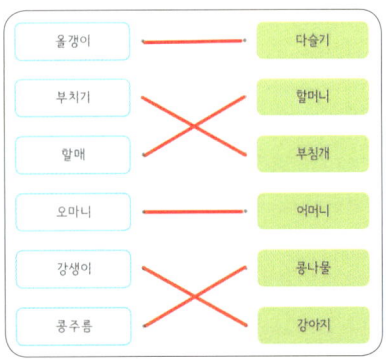

115쪽
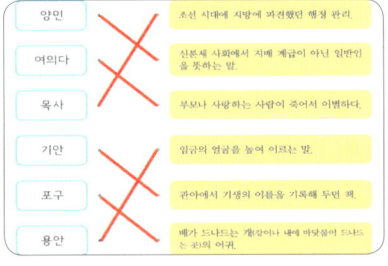

116쪽
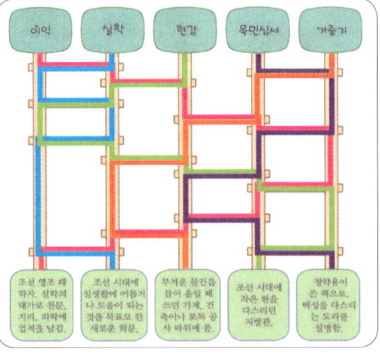

117쪽

118쪽
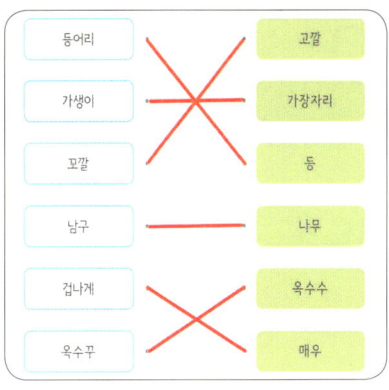

119쪽
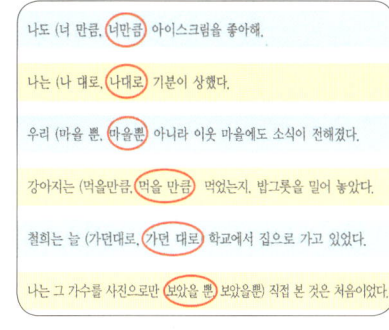

120쪽
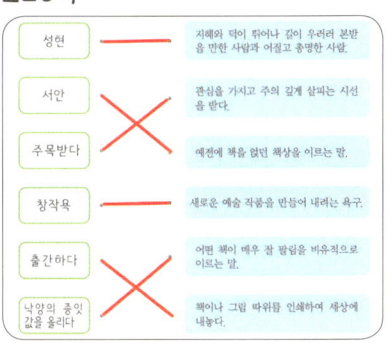

121쪽
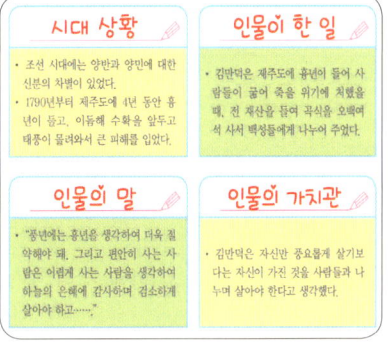

122쪽
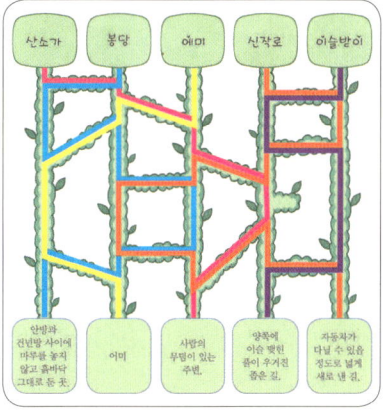

123쪽
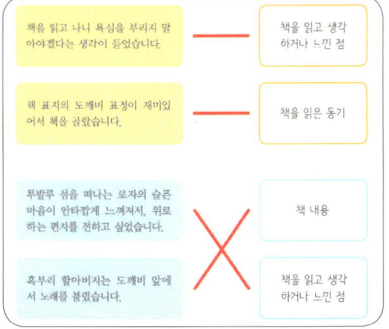

124쪽
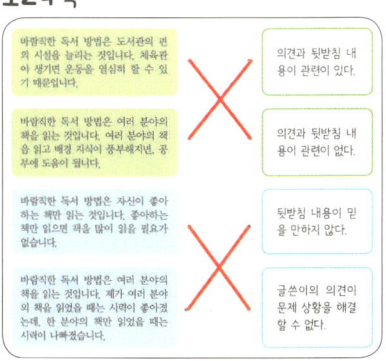

125쪽 받아쓰기
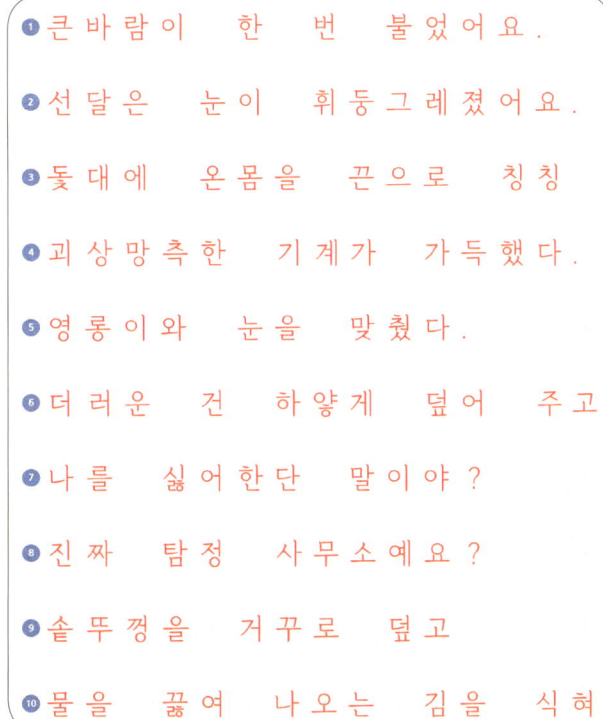